Jürgen Gaßebner

SUPERBIKE-WM Teucherts Triumph

Motor buch Verlag

Einbandgestaltung: Andreas Pflaum

Titelbild: Jürgen Gaßebner

Fotos: Gaßebner

ISBN 3-613-02068-8

Ein Unternehmen der Paul Pietsch Verlage GmbH + Co
1. Auflage 2000

Lektor: Joachim Kuch
Innengestaltung: Viktor Stern
Gesamtherstellung: Fotolito LONGO, I-39100 Bozen
Printed in Italy

Inhalt

Spannend bis zuletzt: Erst beim Saisonfinale in Brands Hatch brachte Jörg Teuchert den ersehnten Supersport-WM-Titel unter Dach und Fach.

Die 4 gewinnt

Dass der Superbike-Weltmeister das erste Wort hat, ist zumindest in diesem schönen Buch Tradition. Dass nun im »Windschatten« von Colin Edwards erstmals in einer Viertakt-Klasse ein deutscher Weltmeister folgt, ist dagegen neu. Und für mich, der ich diese Zeilen nur wenige Tage nach meinen Titelgewinn schreibe, noch immer unglaublich.

Immer wieder geht mir die Saison durch den Kopf, eine Saison mit allen »ups and downs«, wie sie extremer kaum sein können. Wir sind mit großer Zuversicht in die Saison gestartet. 1999 war für uns alle das Lehrjahr in der WM gewesen. Für Christian Kellner und mich als Fahrer, für Udo Mark als Teamchef und für die neu zusammengestellte Crew. Jetzt hatte unser Alpha-Technik-Yamaha-Team die Chance, diese Erfahrungen umzusetzen. Und die wollten wir nutzen. Udo hatte wie immer ein perfektes Vorbereitungsprogramm arrangiert. Doch gleich beim Auftakt in Australien der erste Dämpfer. Kelle stürzte unverschuldet, ich selbst musste wenig später ebenfalls in die Wiese, konnte aber wenigstens fünf Punkte retten.

Dann kam Japan. Dass wir ausgerechnet auf der Yamaha-Hausstrecke in Sugo einen Doppelsieg landen konnten, war der Grundstein für diese gigantische Saison. Fünf Wochen später, nach meinem zweiten Sieg in Hockenheim, fehlten mir nur noch acht Punkte auf WM-Leader Jamie Whitham. Jetzt spürte ich zum ersten Mal, dass ich Weltmeister werden kann. Dann folgte in Misano Kelles längst überfälliger erster Sieg. Das gab dem ganzen Team noch einmal zusätzlichen Schub. In Valencia setzten wir mit einem Doppelsieg gleich noch einen drauf. Die Konkurrenz war geschockt. Doch gleichzeitig kam der Druck von aussen. Der Titel schien für viele fast schon Pflicht. Die Frage lautete nur: Teuchert oder Kellner? Wir dagegen versuchten, den Ball flach zu halten: Jetzt nur nicht abheben, die Saison ist noch lang.

Und prompt folgte der Supergau. Drei Null-Nummern in Serie. In Brands Hatch stürzte ich im Training und musste verletzt nach Hause fahren. Der Schlüsselbeinbruch war leider viel komplizierter, als zunächst angenommen. Ein Glück, dass gerade jetzt eine vierwöchige Rennpause folgte. So konnte ich in Assen wieder antreten, fuhr als Dritter ein braves Rennen und baute sogar die WM-Führung aus. Eine Stunde später die Disqualifikation, weil sich die Yamaha im Parc Fermé nicht wie vorgeschrieben mit dem Anlasser starten ließ. Ich glaubte, die Welt würde zusammenbrechen. Doch wir rappelten uns erneut auf, fuhren beim Heimrennen in Oschersleben alles in Grund und Boden - bis zu der berühmten letzten Kurve. Ein Drama bahnte sich förmlich an.

Gerade noch das Dream-Team, wollten uns plötzlich einige zu den Deppen der Nation machen. Und ausgerechnet in dieser Phase mussten Kelle, Udo und ich eine Woche lang auf der Intermot in München Rede und Antwort stehen. Es war ein Spießrutenlaufen, wie es schlimmer nicht hätte sein können. Ich war komplett von der Rolle, fuhr anschließend in die Berge, wollte nur noch alleine sein und wieder mit mir klar kommen. Hier, das weiß ich heute, lag der Schlüssel zum Erfolg. Hier habe ich noch einmal Kraft und Hoffnung fürs Finale geschöpft. Ein Finale, so knapp und so dramatisch wie es die Rennwelt wohl noch nie erlebt hat.

Mit Kelles großartiger Unterstützung wurde ich in Brands Hatchs Zweiter und damit Weltmeister. Ganz ehrlich, ich wusste im Ziel nicht, dass ich es geschafft hatte, denn mein Mechaniker Bernie hatte mir zwar »Chambon out« gezeigt, aber ich konnte in der Hektik die Boxentafel nicht lesen. Als ich bei der Siegerehrung diesen tierisch schweren Pokal stemmte, war ich immer noch völlig daneben. Ich wusste nicht, was ich sagen sollte, bei einem Jörg Teuchert eigentlich ungewöhnlich.

Weltmeister, Wahnsinn! Ein Traum, der ohne das beste Team, den besten Teamchef und den besten Teamkollegen nicht wahr geworden wäre. »Die 4 gewinnt«, rief Kelle nach dem Rennen und dachte dabei sicher auch schon ans nächste Jahr. Dann klebt die »4«, die mir so viel Glück gebracht hat, auf seiner Maschine. Und sollte er beim letzten Rennen meine Unterstützung brauchen, kann er sich auf mich verlassen. In einem Dream-Team ist das selbstverständlich.

Euer

Jörg Teuchert

Das große Ziel erreicht

Der Superbike-Weltmeister: Colin Edwards verhalf der brandneuen Honda VTR 1000 SPW gleich in ihrem ersten Jahr zu weltmeisterlichen Ehren.

In der Superbike-Weltmeisterschaft wird es Jahr für Jahr härter, und gerade die Milleniums-Saison als Weltmeister abzuschließen, war schon etwas besonderes für mich.

Zu Beginn der Saison schaute ich mich so bei meinen Konkurrenten um und deutete meine persönlichen Titelfavoriten aus. Doch wie unvorhersehbar dieser Sport ist, zeigte sich dann aber im Verlauf dieses Jahres.

Um überhaupt irgendeine Meisterschaft zu gewinnen, braucht es vor allem, fest das Ziel im Auge zu behalten, und das tat ich die Saison hindurch, wie wahrscheinlich alle anderen Superbike-Weltmeister vor mir auch. Obwohl die Superbike-WM ja noch eine sehr junge Rennserie ist, zeigte sie aber vor allem in diesem Jahr eine große Eigenständigkeit. Nie zuvor hat es so viele verschiedene Sieger in den einzelnen Rennen gegeben wie in diesem Jahr. Das ist ein Zeichen für die Stärke dieser WM und für ihre Berechtigung im Rennsport. Heute kann fast jeder Fahrer, der an sich glaubt, sein Motorrad aus der nationalen Meisterschaft hernehmen, eine Wildcard ordern und Rennen gewinnen, wie wir 2000 ja eindrucksvoll gesehen haben.

Und wenn du glaubst der Beste zu sein, musst du mit jedem Fahrer rechnen, das bekam ich 2000 zu spüren. Ich hätte nicht geglaubt, dass Fahrer wie Neil Hodgson, Hitoyasu Izutsu oder Troy Bayliss zuoberst auf dem Podest stehen würden.

Nach zwei Jahren auf der Honda RC 45 wusste ich gleich nach den ersten Tests, dass die VTR 1000 SPW für Siege gut sein würde. Zwar war es Honda's erstes V2-Superbike, aber Honda meinte es ernst und wollte auf keinen Fall geschlagen werden.

So ging ich richtig zuversichtlich in die Saison, und diese Zuversicht, gepaart mit dem Wunsch, Honda den WM-Titel zu schenken, trug mich beim Auftaktrennen in Kyalami zum Sieg. Ich war einfach extrem motiviert.

Nach Fogarty's bedauerlichem Unfall dachte Haga, so glaube ich, dasselbe wie ich. Nämlich, dass wir den WM-Titel untereinander ausmachen würden. Zumindest deutete seine etwas defensivere Fahrweise selbst bei seinem Heimrennen in Sugo darauf hin.

Eine Schande für unseren Sport war freilich, dass Haga nach Kyalami positiv auf Doping getestet wurde. Ich denke aber, eine noch größere Schande war, wie der Fall über die ganze Saison hinweg verschleppt wurde. Niemand wusste bis zum Schluss, ob Haga nun die 45 Punkte von Kyalami zurückbekommen würde oder nicht. Das ganze Procedere war eine Strafe, die, wie ich hoffe, keine Meisterschaft je wieder zu durchlaufen hat.

Wie so oft war freilich auch mein Titelgewinn eine Mannschaftsleistung, hinter der die Arbeit eines hervorragenden Teams steckt. Und ich hatte ein gutes Motorrad, das es mir ermöglichte, auch die etwas schwierigere Phase in der Saison-Mitte, in der ich ein umfangreiches Testprogramm für Honda absolvieren musste, erfolgreich zu überbrücken.

Jetzt Weltmeister zu sein, ist eine große Ehre für mich, und dieses Vorwort nun als Mitglied einer illustren Gruppe von Superbike-Champions zu schreiben, ist ebenfalls etwas sehr befriedigendes.

In einer Zeit, in der zwei gleichwertige Weltmeisterschaften im Motorradrennsport existieren, bin ich stolz, einen dieser beiden Titel gewonnen zu haben. Mit diesem einen WM-Titel im Rücken werde ich nun versuchen, einige Rekorde zu brechen, von denen im Superbike-Jahrbuch unter anderem die Rede ist.

Euer

Colin Edwards

Jagd-Fieber

Honda und Colin Edwards greifen mit dem neuen Renn-Twin nach der WM-Krone. Ob Carl Fogarty und Ducati Chancen auf die Titelverteidigung haben und wie stark die übrigen Teams sind, klärt unsere Vorschau auf die Saison 2000

Die Rundenzeiten von Colin Edwards, Aaron Slight und Testfahrer Itoh beim ersten Kräftemessen der Konkurrenten auf Phillip Island schockte die Widersacher. An allen Testtagen lagen die brandneuen Honda VTR 1000 SP-1 in Front, und Carl Fogarty vermochte mit seiner Ducati kaum dagegen zu halten.

Zwar ließ sich der Engländer glaubhaft mit einer Magen-Darm-Verstimmung entschuldigen, doch machte Ducati keinen Hehl daraus, dass bis zum Saisonauftakt am 2. April im südafrikanischen Kyalami noch etliches an Hausaufgaben zu erledigen ist. Die von Foggy seit langem geforderte Zweiarmschwinge birgt gegenüber dem einarmigen Pendant offenbar kaum Vorteile, stattdessen gebärdet sich das nun mit nur noch einer Einspritzdüse pro Zylinder

Der König der Superbike-WM: »King« Carl Fogarty wollte 2000 seinen fünften Superbike-Titel. Dass alles anders kommen würde, konnte bei den Vorsaison-Tests noch niemand ahnen.

ausgerüstete V2-Triebwerk aus Bologna noch etwas kapriziös. »Die Leistungsentfaltung muss noch verbessert werden«, verlautbarte Foggy, wohingegen sein neuer Teamkollege Ben Bostrom der überarbeiteten Ducati eher viel Lob spendete und dafür mit Selbstkritik nicht sparte. »Am Motorrad liegt es jedenfalls nicht«, erklärte er die eher mäßigen Rundenzeiten auf dem australischen Kurs.

Während sich das Interesse also voll und ganz auf den Schlagabtausch zwischen Honda und Ducati konzentriert, musste der japanische Motorrad-Gigant einen herben Rückschlag einstecken. Unmittelbar nach den Testfahrten stellten Ärzte bei Honda-Pilot Aaron Slight eine Gehirnblutung fest, die umgehend operativ behandelt wurde. Slight soll es nach dem Eingriff gut gehen, doch wann er wieder auf die VTR 1000 SP-1 steigen wird, bleibt zu diesem Zeitpunkt ebenso offen, wie die Frage nach einem Ersatzfahrer.

Neben den beiden Superbike-Mächten Honda und Ducati spielen möglicherweise aber auch drei andere Marken eine gewichtige Rolle. Die Rede ist von Kawasaki, Suzuki und Yamaha.

Kawasaki etwa zeigte auf Phillip Island ebenfalls viel Potenzial. Vor allem der in der vergangenen Saison wenig glücklich agierende Gregorio Lavilla vermochte sich mit schnellen Zeiten gut in Szene zu setzen. Pech hatte hingegen sein Teamkollege Akira Yanagawa, der sich bei einem Sturz den Knöchel prellte. Kawasaki erprobte bei den Phillip Island-Testfahrten unter anderem neue Federelemente von White Power. Ob die seit Jahren mit dem schwedischen Hersteller Öhlins bestehende Liaison deshalb aber aufgekündigt wird, ist fraglich. Fest steht aber, dass das grüne Team von Harald Eckl in dieser Saison

Von Beginn an stark: Colin Edwards (2) und Aaron Slight (111) waren auf der neuen V2-Honda von Anfang an vorne dabei. Aaron Slight überfiel in der Testphase jedoch eine schwere gesundheitliche Zäsur.

Kaum zu glauben: Troy Corser schaffte mit der Aprilia, was kaum jemand erwartet hatte. Er verhalf der Maschine zum Potenzial auf den WM-Titel.

mit gestärkter Motivation antritt. Dies nichtzuletzt deshalb, weil Supersport-Neuzugang Andrew Pitt auf seiner Hausstrecke Phillip Island die Konkurrenz an allen Tagen extrem düpierte und regelmäßig die schnellsten Zeiten auf den Asphalt brannte. Ob er seinen Teamkollegen, Vize-Weltmeister Iain MacPherson, jedoch auch auf anderen Strecken aufs zweite Gleis verweisen kann, bleibt abzuwarten.

Neben den Kawasaki-Aktivitäten werden aber auch die Anstrengungen von Suzuki mit großer Spannung erwartet. Pierfrancesco Chili vermochte sich mit der 99er-GSX-R 750, die in diesem Jahr noch in der Superbike-WM eingesetzt wird, hervorragend in Szene zu setzen. Seine Zeiten signalisieren deutlich, dass mit ihm dieses Jahr auf dem Podest zu rechnen sein wird. Ob dies auch seinem Teamgefährten Katsuaki Fujiwara gelingen kann, bleibt indes abzuwarten. Dem Japaner gelang es nur um Haaresbreite, trotz seiner mäßigen Leistungen im vergangenen Jahr im Alstare Corona-Team zu verbleiben.

Ebenso gespannt wie auf Suzuki's Darbietungen darf der Superbike-Fan auch auf die Anstrengungen sein, die Yamaha mit der YZF-R7 unternimmt. Noriyuki Haga bekam neue und leistungsstärkere 2000er-Werksmaschinen und könnte wie schon öfters für eine Überraschung gut sein. Immerhin gelang ihm mit der R7 bereits in ihrem ersten Produktionsjahr ein Sieg, der vom spanischen Albacete datiert.

Nicht ganz so günstige Eingangsvoraussetzungen für die Saison 2000 besitzt indes sein Stallgefährte, der Italiener Vittoriano Guareschi. Er tritt lediglich auf verbesserten 99er-Werksmaschinen an und muss vor allem in fahrerischer Hinsicht noch mehr als im vergangenen Jahr zeigen.

Fit, Four, Fun: Akira Yanagawa zeigte sich zu Beginn der Testphase blendend in Form. Ein schwerer Sturz warf ihn und die Vierzylinder-Kawasaki dann aber etwas zurück.

Wie immer mit Pfeffer: Pierfrancesco Chili zeigte während der Wintertests, dass auch Suzuki 2000 bei der Titelvergabe ein Wörtchen mitreden könnte.

Der Chef-Drifter: Viele stempelten Yamaha-Star Noriyuki Haga neben Carl Fogarty und Colin Edwards zum Favoriten auf den WM-Titel. Sie sollten recht behalten.

Sturmwarnung

Für Carl Fogarty und Ducati zieht schweres Wetter auf, denn die Siege von Honda-V2-Pilot Colin Edwards und Yamaha-Star Noriyuki Haga beweisen, dass die Konkurrenz mehr als nur den Anschluss hergestellt hat

Perfekter Start: Mit einem zweiten Platz und einem Sieg begann für Noriyuki Haga die Saison. Wegen Überschreitens des Ephedrin-Grenzwertes wurden ihm die 45 Punkte aber aberkannt. Die Superbike-WM hatte ihren Doping-Skandal.

Bereits das erste freie Training am Freitag belegte eindrucksvoll die Schlagkraft der neuen Honda VTR 1000 SP-1 oder SPW, wie sie von Seiten des Castrol Honda-Teams offiziell bezeichnet wird. Immerhin klaffte eine Zeitdifferenz von 1,05 Sekunden zwischen Honda-Star Colin Edwards und dem Zweiten, Noriyuki Haga auf Yamaha. Auf den weiteren provisorischen Rängen folgten Ducatisto Carl Fogarty und Suzuki-Star Pierfrancesco Chili.

Unverkennbar war aber auch, dass sich Aprilia über den Winter offenbar

Sie gaben alles: Edwards, Haga und Fogarty schenkten sich im ersten Durchgang nichts. Haga bremste wie immer mit querstehendem Hinterrad in die Kurven.

sehr angestrengt hat, Troy Corser ein schlagkräftiges Motorrad bereit zu stellen. Er wurde Fünfter in der ersten Sitzung. Eine der wesentlichen Änderungen gegenüber den Werks-Aprilia von Testfahrer Antonello war dabei der Doppelrohrauspuff, den Corser verwendete. »Das ist fraglos der Weg in die Zukunft, denn das brachte deutlich Leistung«, hieß es von Aprilia-Seite, und Troy Corser setzte am Freitagabend noch eins drauf: »Heute waren wir nicht so schlecht, aber wart' erst mal die Superpole morgen ab«, erklärte er sichtlich optimistisch und mit reichlich Zusatz-Motivation ausgestattet, seinen ehemaligen Arbeitgeber Ducati zu schlagen.

Dort selbst herrschte hingegen eher Zurückhaltung angesichts des Gesundheitszustandes von Carl Fogarty und den nur mäßigen Trainingsleistungen seines neuen Teamgefährten Ben Bostrom. »Dass Ben nicht sofort an der Spitze würde mitfahren können, war klar, aber augenblicklich als 16. nur in Startreihe vier zu stehen, ist doch etwas zu wenig«, verlautbarte die enttäuschte Ducati-Leitung.

Fogarty hingegen gab wie immer sein bestes, und die von seinem Test-Unfall in Valencia lädierte Schulter konnte ihn auch nicht von einer guten Trainingsleistung abhalten. »Für das Rennen am Sonntag sind wir aber nicht sehr zuversichtlich, denn vor allem die Richtungswechsel fallen Carl auf die Dauer sehr schwer«, erklärte Pressesprecher Michele Morisetti.

Noch weniger Freude als bei Ducati kam indes beim Kawasaki Racing Team von Harald Eckl auf. Akira Yanagawa war eingangs der Start-Ziel-Geraden auf einer Ölspur gestürzt, hatte sich das Schlüsselbein gebrochen und reiste noch am selben Abend zurück ins heimische Japan.

Die Ölspur ging auf's Konto von Anthony Gobert und seiner Bimota SB8K, an der sich ein Öldruck-Sensor verabschiedete und den Schmierstoff ins Freie entließ. In der Folge stürzte dann Giovanni Bussei und eben Yanagawa. Zwar wurde im nachhinein immer wieder beteuert, dass die rotgelbe Ölflagge in diesem Bereich geschwenkt worden war, doch als Yanagawa die kurz davor liegende Schikane passierte, zeigte die Streckenpostin ausgangs derselben nur gelb-geschwenkt. Davon nur wenig beeindruckt schoss Yanagawa entsprechend beherzt auf das kommende, ölverschmierte Eck zu. Angesichts des

Schulter, Schluss: Carl Fogarty erkämpfte unter Schmerzen Rang drei, doch im zweiten Durchgang wurde es für den »King« richtig finster.

immer noch schmerzenden Kahnbeinbruches seines Teamgefährten Gregorio Lavilla schien dem Kawasaki-Team also ein absolut rabenschwarzer Renn-Sonntag bevorzustehen.

Doch bereits in der Superpole zeigte der Spanier eine mehr als brave Leistung, die er – unterstützt von einigen Eisbeuteln – am Sonntag noch wiederholen sollte.

Den Kampf um den besten Startplatz entschied aber wieder einmal »Mr. Superpole« und Gewinner des mit 10.000 Mark dotierten »PS-Superpole-Awards 1999«, Troy Corser, für sich. »Die Dunlop-Qualifikationsreifen sind wirklich hervorragend, und auch meinem Team kann ich nur danken. Alle haben sich für mich wirklich ihre Ärsche aufgearbeitet«, ließ er in der anschließenden Pressekonferenz wissen, zu der auch der Zweite, Colin Edwards, sowie Carl Fogarty an Nummer drei geladen waren.

Die beiden österreichischen Piloten, jetzt zusammen im Gerin Racing-Team vereint, Robert Ulm und Andreas Meklau, sicherten sich mit den Startplätzen zehn und zwölf eine brauchbare Ausgangsbasis fürs Rennen, wenngleich speziell Ulm, am Freitag sogar Siebter im Training, keineswegs zufrieden war. »Die Gabel benimmt sich derart bockig«, unkte er.

Am Sonntag beendete Ulm den ersten Umlauf schließlich nur auf Platz 16, während Andy Meklau immerhin auf Rang elf einlief. Im zweiten Durchgang sammelte Meki mit Platz 13 ebenfalls

Erbe von Valencia: Ein Sturz während der Vorsaison-Tests im spanischen Valencia lädierte Foggy's Schulter. Richtig schlimm kam es für den Engländer aber erst im australischen Phillip Island.

Die Gabel streikte: Robert Ulm, im Freitagstraining noch als Siebter notiert, musste sich schließlich mit einem 16. Rang zufrieden geben.

wichtige WM-Zähler, Ulm schied hingegen aus.

An der Spitze des Feldes herrschte in den beiden Rennen indes ein munteres Treiben, inszeniert von Honda-Pilot Colin Edwards, Chef-Drifter Noriyuki Haga, Suzuki-Mann Pierfrancesco Chili und »King« Carl Fogarty. Den bekannten Wahlspruch »Honda enters – Honda wins« machte sich Edwards zur Maxime und fuhr zunächst unbedrängt vorneweg. Erst kurz vor Schluss gelang es dem furchterregend quer ein- und ausbiegenden Haga, den Texaner zu überholen, um sich jedoch in der letzten Runde drei Kurven vor dem Ziel doch noch geschlagen geben zu müssen. Fogarty blieb mit den beiden Streithähnen auf Tuchfühlung und fuhr Rang drei brav nach Hause. »Angesichts seiner schmerzenden Schulter ein mehr als zufriedenstellendes Resultat«, freute sich Ducati-Marketing-Boss Paolo Ciabatti. Pierfrancesco Chili buxierte die Suzuki noch auf Rang fünf ins Ziel, nachdem ihn Troy Corser mit der Aprilia planmäßig aufgearbeitet hatte, und Kawasaki-Hoffnung Gregorio Lavilla schaffte unter ziemlichen Schmerzen einen hoch achtbaren sechsten Platz.

Ähnlich wie der erste Durchgang verlief auch der zweite Umlauf. Nur dass Haga, der nun wieder auf den driftfreudigeren Dunlop-Pneus unterwegs ist, sich diesmal durchsetzte, Edwards Zweiter wurde und Chili auf Rang drei landete. Fogarty hingegen verlor irgendwann die Kontrolle über seinen Michelin-16,5 Zoll-Vorderradreifen, den er ebenso wie Edwards erstmals als Prototyp einsetzte. Mit havarierter Verkleidung steuerte er unter dem Applaus der rund 30000 Zuschauer frustriert die Box an. Keineswegs frustriert, sondern mehr als zufrieden war Troy Corser, der die Aprilia wiederum auf Platz vier trieb, und Lavilla schaffte mit einem weiteren sechsten Platz wenigstens einen kleinen Trost für sein Team. Vor ihm, auf Platz fünf, scheuchte Superbike-Neueinsteiger Haruchika Aoki seine Semi-Werks-Ducati ins Ziel, nachdem er im ersten Lauf von Kyalami bereits mit Platz sieben geglänzt hatte.

Für die Überraschung an diesem Wochenende sorgte aber Bimota. das kleine Werk in Rimini an der italienischen Adria baute über den Winter in Windeseile die SB8K, eine von der bekannten SB8R abgeleitete Maschine mit dem Motor der Suzuki TL 1000 R. Unter der Leitung von Teamchef Virginio Ferrari, Ex-Ducati-Motoren-Guru Franco Farnè und Fahrer Anthony Gobert lernte das sehr kleine und zierliche Motorrad zwar erst gut zwei Wochen vor dem WM-Auftakt das Laufen, setzte sich aber sofort prächtig in Szene. Versagte der neue V2-Renner im ersten Durchgang zwar noch mit gebrochenem Zündungs-Pick-Up den Dienst, vermochte Gobert das silbern lackierte Edelgefährt im zweiten Rennen jedoch souverän auf Platz zwölf zu steuern und dem Werk damit auf Anhieb vier WM-Punkte zu bescheren. Und mehr als vier Punkte schaffte auch Superbike-Rückkehrer Simon Crafar als Ersatz für den erkrankten Aaron Slight nicht – und der saß immerhin auf derselben V2-Honda, mit der Edwards gewann.

Steier-Bescheid: Das Gerin World Superbike Team mit Andreas Meklau und Robert Ulm erlebte in Südafrika ein durchwachsenes Rennwochenende.

Die Reifen ließen nach: Andreas Meklau, der für sich trotzdem die Ränge elf und 13 eroberte.

Gute Nummer: 501 stand für den potentiellen Jeans-Sponsor Levi's, Anthony Gobert für Platz zwölf. Teamchef Virginio Ferrari war mit dem Einstand zufrieden.

Platz drei trotz Problemen: Jörg Steinhausen und sein neuer Beifahrer Christian Parzer feierten in Südafrika einen glänzenden Auftakt.

»Man muss auch verlieren können«: So resümierte Steve Webster (re.) nach dem Rennen nicht nur seinem Mechaniker gegenüber. Der Engländer ist ein großer Sportsmann.

Honda siegt – Nakamoto hört auf

Die RC45 war nie mein Baby, aber die VTR 1000 SP-1, die ist mein Baby«, erklärte Honda-Chefentwickler Syuhei Nakamoto ein wenig wehmütig. Der Grund: Ausgerechnet jetzt, wo Honda ein neues und noch dazu auf Anhieb siegfähiges Motorrad entwickelt hat, wechselt Nakamoto-San in wenigen Wochen in die Formel 1-Abteilung von Honda. »Im Grunde würde ich gerne hier bleiben. Aber Honda sagt, sie brauchen mich in der Formel 1. Welche Funktion ich dabei genau übernehmen werde, kann ich im Moment noch gar nicht sagen. Möglich, dass ich Direktor für die Motoren-Entwicklung werde, obwohl ich ja eigentlich Fahrwerks-Ingenieur bin. Wer weiß?

Was mir an diesem Plan aber am wenigsten gefällt ist, dass ich dazu nach England muss. Ich mag England nicht – schlechtes Wetter.« Anmerkung hierzu: Nakamoto mag Deutschland sehr, und verbrachte seinerzeit seine Flitterwochen hier. das war in den 80er Jahren. Wo, ja wo genau? Am Nürburgring. Und jetzt das Wetter.

Neues aus dem Fahrerlager: 16,5 Zoll-Front-Pneus,

Im vergangenen Winter entwickelte Michelin auf Betreiben von Ducati einen 16 Zoll-Vorderradreifen um höhere Kurvengeschwindigkeiten, und ein verbessertes Handling zu erreichen. Carl Fogarty testete den Pneu auf Phillip Island, verwarf die Entwicklung jedoch aufgrund des zu spontanen Einlenkverhaltens. Michelin stellte die 16 Zoll-Entwicklung daraufhin bis auf weiteres ein.

In Südafrika montierte der französische Reifenhersteller nun 16,5 Zoll-Vorderradreifen im Rennen an den Maschinen von Fogarty, Edwards und Crafar. Damit setzt Michelin nun ebenfalls auf die 16,5 Zoll-Vorderrad-Technologie, die Dunlop bereits seit Laguna Seca im vergangenem Jahr einsetzt. Doch während die 16,5 Zoll-Vorderreifen von Dunlop ab diesem Jahr bereits auch für Privatfahrer käuflich sind, handelt es sich beim Michelin-Pneu bisher um einen reinen Prototypen. »Das wird sich ändern«, erklärte Michelin-Rennsport-Chef Jean Hérissé.

Etwas besonderes ist auch die White-Power-Gabel, wie sie Kawasaki in diesem Jahr einsetzt. Zwar dürfte der Umstieg von Öhlins auf WP auch finanzielle Gründe haben, denn die Schweden lassen sich ihre Arbeit von Jahr zu Jahr besser bezahlen, doch kann die WP-Gabel auch mit handfesten Fakten aufwarten. Ihre voluminösen Standrohre sind nicht aus Stahl, sondern aus Aluminium gefertigt, und die Gleitschicht ist hartcoatiert. Mögliche Vorteile: geringere ungefederte Massen, höhere Steifigkeit dank extrem dicker Radachse und sensibleres Ansprechverhalten.

Strafe für Anthony Gobert: Im Training rauschte der Australier mit gemessenen 97 km/h in die Radarpistole der Boxengassen-Überwacher. Erlaubt sind 85 km/h. Macht 250 Schweizer Fränkli an die FIM. Armer Gobert!

Tri-Top: Hinsichtlich seiner personellen Besetzung gab das Seitenwagen-Podium in Kyalami ein erwartungsgemäßes Bild ab.

Siegten mit dem Viertakter: Klaus Klaffenböck und Adolf Hänni beendeten ihr erstes Weltcup-Rennen mit dem Suzuki-Viertakter als Antrieb gleich auf Platz eins. Das versprach eine spannende Saison.

Sidecar World Cup: Klaffenböck siegt, Steinhausen wird Dritter

Spannender Auftakt für den Sidecar Worldcup in Kyalami. Erstmals starteten die Gespanne dabei in gepfeilter Formation, das heißt, der Pole-Setter vorne mittig, dahinter gestaffelt der Zweite und Dritte, und so weiter.

Den besten Startplatz erreichten in der Superpole Steve Webster und sein neuer Beifahrer Paul Woodhead auf dem Suzuki-Gespann des Steinhausen-Teams vor Klaus Klaffenböck und Adolf Hänni, die nun ebenfalls eine Viertakt-Suzuki auf Basis der GSX-R 1100 bewegen und Schnellste in den Zeittrainings waren. Die Steinhausen-Crew bewegt ebenfalls noch die GSX-R-Motoren, doch ein auf 1200 cmΔ heruntergebüchster Hayabusa-Vierzylinder befindet sich bereits im Aufbau.

Auf Startplatz drei fanden sich schließlich Jörg Steinhausen und sein neuer Passagier Christian Parzer, ebenfalls auf Suzuki, wieder.

Den Start gewannen eben diese beiden, gaben ihre Führung aber bereits in der ersten Runde an ihre Stallgefährten Webster/Woodhead ab. Mit einem Sieg für den letztjährigen Champion wurde es dennoch nichts. Probleme mit den Bremsen vereitelten eine schnellere Gangart, und so konnten sich Klaffenböck/Hänni schließlich mit rund fünf Sekunden Vorsprung den Gewinn des Season-Openers in Kyalami sichern.

Bremsprobleme ereilten auch Steinhausen/Parzer, die sich aber dennoch Rang drei sichern konnten.

Überschattet wurde das Rennwochenende von einem Unfall im Training . Am Gespann von Paul Phillips und Ruth Laidlow platzte der Antriebsreifen, worauf die Beifahrerin in der Folge aus dem Boot geschleudert wurde und sich dabei das Knie brach. Außerdem erlitt sie eine Quetschung der dort verlaufenden Arterie. Sie wurde zur sofortigen Operation ins Krankenhaus gebracht, und musste anschließend noch mehrere Tage dort verbringen.

Überraschungs-Momente

In Australien siegten mit Troy Corser und Anthony Gobert auf Aprilia beziehungsweise Bimota zwei Außenseiter, und Carl Fogarty musste nach einem schweren Sturz den WM-Titel für dieses Jahr abschreiben

Walker on the wild side: Chris Walker (49), hier vor Edwards (2) empfahl sich mit seiner Suzuki in Donington für höhere Aufgaben. Er wurde mit seiner Wildcard Fünfter und Zweiter.

Die Ereignisse überschlugen sich im australischen Phillip Island geradezu. Genau wie das Wetter gestaltete sich nämlich auch der Rennsonntag auf der kleinen Insel, rund 130 Kilometer südlich von Melbourne gelegen, in sportlicher Hinsicht äußerst wechselhaft. Doch der Reihe nach.

Zwar sicherte sich der von Ducati zu Aprilia gewechselte Troy Corser auf heimischem Boden am Samstag die zweite Superpole und damit Startplatz eins, und auch die Platzierungen seiner Konkurrenten ließen nicht unbedingt Spektakuläres erahnen.

So stand Pierfrancesco Chili mit der Suzuki auf Platz zwei neben Colin Edwards auf der Honda und dem aus dem Grand Prix-Zirkus zu den Superbikes gewechselten Spanier Juan Borja

Superstark: Neil Hodgson gewann in Donington den zweiten Durchgang. Auch er startete mit einer Wildcard.

auf einer Ducati. Noriyuki Haga, von Kyalami als WM-Leader nach Australien gereist, stand mit seiner Yamaha auf Platz fünf vor Carl Fogarty, der sich mit seiner Ducati knapp gegen seinen Marken-Kollegen Haruchika Aoki durchsetzen konnte. Dann folgten Akira Yanagawa, der seine Kawasaki trotz des Verletzungs-Handicaps, das er sich in Kyalami eingefangen hatte, noch vor seinem ebenfalls an einer Blessur laborierenden Teamkollegen Gregorio Lavilla auf Platz acht abstellte.

Anthony Gobert, wie Corser motivierter australischer Lokalmatador, folgte mit der Bimota auf Platz elf hinter Katsuaki Fujiwara auf der zweiten Werks-Suzuki. Simon Crafar, Ersatz für Hondas Aaron Slight, startete aus der zwölften Position, und erst auf Rang 13 wurde Foggys Teamgefährte Ben Bostrom notiert. Auf den weiteren Rängen folgten dann Robert Ulm auf Ducati, Vittoriano Guareschi auf Yamaha sowie Ulms Teamgefährte Andreas Meklau.

In den Rennen am Sonntag brachte das Wetter diese Ordnung allerdings heftig durcheinander. Zwar wurde der erste Lauf als Regenrennen gestartet, doch keines der Teams war sich sicher, welche Reifenwahl richtig oder falsch sein würde. Einige rechneten mit abtrocknendem Asphalt, andere wiederum setzten auf eine feuchte Bahn. Ein Reifenpoker von besonderer Qualität also.

Am Ende hatte schließlich Lokalheld Gobert auf der Bimota die Nase vorne – und zwar mit fast einer halben Minute Vorsprung auf Weltmeister Carl Fogarty. Ein Sieg für Bimota gleich beim dritten Renneinsatz – damit hatte wirklich keiner gerechnet. Die Crew um Teamchef Virginio Ferrari feierte den Australier denn auch, als hätte er gerade den WM-Titel gewonnen. Ein wahrer

Schwacher Ersatz: Luca Cadalora ersetzte den in Sugo so glücklos agierenden Troy Bayliss bei Ducati. Aber auch der italienische Superstar hatte überaus wenig Fortüne.

Paukenschlag, mit dem Bimota aufhorchen ließ.

Platz drei sicherte sich Vittoriano Guareschi, der sich einmal mehr als hervorragender Pilot auf nasser Piste auszeichnete, und mit Lucio Pedercini landete auf Platz vier ein Privatier, der keinen Geringeren als den WM-Favoriten Colin Edwards auf Platz fünf verwies.

Andere wiederum bezahlten Lehrgeld. So etwa Troy Corser und Pierfrancesco Chili, die beide stürzten, oder auch Andreas Meklau, der kurz vor dem Start auf Slicks hatte umrüsten lassen. Ihm blieb, als es zu regnen begann, nichts anderes übrig, als aufzugeben. Besser dagegen sein Teamgefährte Robert Ulm. Ohnehin als exzellenter Regenfahrer bekannt, setzte er auf Intermediates und konnte sich am Ende über Platz sechs freuen.

Im zweiten Umlauf ein ähnliches Bild. Wieder herrschte Unsicherheit ob der Bereifung. Corser setzte auf Slicks, was sich auf der mehr und mehr abtrocknenden Strecke als richtige Wahl erwies, und auch Chili, der wie Corser im ersten Lauf zu Boden musste, hatte diesmal das richtige Händchen. Überraschungssieg Nummer zwei an diesem Tag also für Corser und Aprilia, Noriyuki Haga, der im ersten Lauf nur auf Platz zehn kam, wurde Zweiter, und mit Chili stand ein weiterer Vierzylinder-Pilot auf dem Podest. Anthony Gobert, der Sieger aus Lauf eins, behauptete sich unter diesen Bedingungen mit dem noch sehr jungen Motorrad immerhin auf Platz neun und katapultierte sich damit auf Rang sechs der aktuellen WM-Tabelle.

Und Fogarty? Der ging nach einer Kollision mit Ulm heftig zu Boden, blieb zunächst bewusstlos liegen, und im Krankenhaus wurde ihm später der gebrochene linke Oberarm mit einer Metallplatte fixiert. Er fällt voraussichtlich bis zum Rennen in Laguna Seca im Juli aus. Die WM ist für ihn damit wohl gelaufen. Ulm hingegen erreichte trotz dieses Zwischenfalls immerhin noch als Elfter das Ziel, während sein Teamkollege Meklau nach verkorkstem Start lediglich auf Platz 17 eintraf.

Im japanischen Sugo dagegen herrschten zwar überschaubare meteorologische Bedingungen, aber trotzdem war auch dieser Rennsonntag an überraschenden Ereignissen kaum zu überbieten. Mit Hitoyasu Izutsu gewann beide Läufe unerwartet ein Kawasaki-Pilot, und mit der Verpflichtung des in der US-Superbike-Meisterschaft startenden Australiers Troy Bayliss als Ersatz für Carl Fogarty sorgte die Ducati-Mannschaft in den beiden Rennen für einen, sagen wir, rennsportlichen Super-GAU – das größte, anzunehmende Unglück in sportlicher Hinsicht. Was war passiert?

Immerhin von Startplatz elf aus ins Rennen gestartet, stürzte Bayliss gleich in der ersten Kurve und riss nicht nur seine Konkurrenten Guareschi, Fujiwara sowie Kawasaki-Mann Igor Antonello mit ins Verderben, sondern zu allem Überfluss auch noch seinen eigenen Teamgefährten Ben Bostrom.

Doch damit nicht genug. Gleich nach dem Start zum zweiten Lauf fuhr

Fleißiger Japaner: In Australien, Japan und England fuhr Noriyuki Haga etliche Top-Fünf-Resultate ein, die ihn kurzfristig zum WM-Leader machten.

dem Unglücksraben Bayliss der Japaner Manabu Kamada ins Motorrad, der von Castrol Honda als Ersatz für Simon Crafar verpflichtet worden war. Beide gingen zu Boden – aus, vorbei. Bostrom, im Training gar nur 14., lief schließlich hinter Meklau auf einem blamablen 13. Rang ein. Damit dürfte Sugo unzweifelhaft als das wohl schwärzeste Rennwochenende in die Firmengeschichte von Ducati eingehen.

Aber auch andere hatten einen schwarzen Tag. So zum Beispiel Gobert, der im zweiten Lauf schwer stürzte und sich Verletzungen an der linken Hand sowie an der Schulter zuzog. »Anthony wird in Monza wieder dabei sein. Den Lauf in Donington müssen wir auslassen, denn der Kurs wäre insbesondere wegen der starken Beanspruchung beim Bremsen eine zu große Belastung für ihn. Außerdem wollen wir noch etwas am Motorrad verändern. Anthony fühlt sich mit den Paioli-Federelementen nicht wohl und würde gerne Öhlins-Teile ausprobieren. Diese Möglichkeit geben wir ihm, denn er soll die größtmögliche Unterstützung, auch psychologisch, von uns bekommen«, erklärte Teamchef Virginio Ferrari wenige Tage vor der WM-Runde in Donington.

In Donington erklärte Yamaha-Press Officer Jim Gilroy, dass das Ergebnis der B-Probe von Noviyuki Haga voraussichtlich vor dem kommenden Rennen in Monza vorliegen wird.

Nachdem sich Edwards in Donington zunächst mit einer Fabelzeit, die nur

Mit Problemen: In Donington bekam Gregorio Lavilla ernsthafte Probleme mit den Bremsen. Nach kurzzeitigen Wheelies neigten die Stopper zum Blockieren. Fatal für den Spanier!

Feuer frei: Der Start des zweiten Superbike-Laufes im englischen Donington. Das Wetter auf der Insel spielte gut mit.

zwei Tausendstelsekunden über dem aktuellen 500er-Rundenrekord von Tadayuki Okada lag, in der Superpole Startplatz eins sicherte, entbrannte im ersten Umlauf ein sehenswerter Zweikampf zwischen ihm und Chili um die Spitze. Zweimal wechselte die Führung, doch am Ende hatte der Amerikaner auf dem Honda-Twin die Nase vorn. Lokalmatador Neil Hodgson erstritt sich auf einer Ducati Rang drei, Haga wurde schließlich Vierter.

Im zweiten Durchgang übernahm Chili die Führung vor Edwards, der sich jedoch in Runde zehn ins Kiesbett verabschiedete und aufgab. Chili sah schließlich wie der sichere Sieger vor Hodgson und Suzuki-Pilot Chris Walker aus, die sich über die gesamte Renndistanz einen sehenswerten Schlagabtausch lieferten. Doch in der vorletzten Runde prellte sich der Bologneser bei einem Highsider die Hoden und musste die beiden Engländer ziehen lassen.

Bemerkenswert der Einstand des Alpha-Technik-Teams. Markus Barth wurde 18. und 16., sein Teamkollege Jürgen Ölschläger im ersten Lauf 22..

Das Supersport-Rennen entschied Weltmeister Stéphane Chambon für sich, aber Jörg Teuchert und Teamgefährte Christian Kellner unterstrichen mit Platz drei und sieben ihre Ansprüche bei der Titelvergabe in diesem Jahr.

Das Auftaktrennen zur Superstock-EM gewann der erst 17 Jahre alte Australier Chris Vermeulen auf Honda CBR 900 RR. Katja Poensgen, mit ihrer Suzuki von Platz 17 aus gestartet, stürzte in Runde sechs, blieb aber unverletzt. Bester deutscher Fahrer war Suzuki-Pilot Benny Jerzenbeck auf Rang 15.

Bei den Seitenwagen, die zwar nicht in Sugo, wohl aber im australischen Phillip Island an den Start gingen, feierte das Steinhausen-Team einen glanzvollen Doppel-Erfolg. Nachdem der österreichische Konkurrent Klaffenböck den Weltcup-Auftakt im südafrikanischen Kyalami für sich entschieden hatte, siegte Webster zusammen mit Beifahrer Paul Woodhead auf der kleinen australischen Insel, und Jörg Steinhausen gelang zusammen mit Christian Parzer ein formidabler zweiter Platz. Klaffenböck wurde mit seinem schweizerischen Co-Piloten Adolf Hänni nur auf Rang fünf notiert und musste die Führung im Gesamt-Klassement damit an die beiden Engländer aus der Steinhausen-Truppe abtreten.

Fest in englischer Hand: Walker und Hodgson (v. li.) zelebrieren ihren englischen Doppel-Erfolg auf dem Podest. Pierfrancesco Chili (re.) ist geschlagen.

Auf dem Vormarsch: Mit einem furiosen Sieg in Sugo und dem dritten Platz in Donington arbeitete sich Jörg Teuchert auf Platz drei der Supersport-WM vor.

Triumph für den Weltmeister: Stéphane Chambon (hier mit Teamchef Francis Batta) gewann die Supersport-Konkurrenz in Donington. Jamie Whitham (li.) wurde Zweiter, Jörg Teuchert (re.) Dritter.

Guter Dinge: Christian Parzer holte als neuer »Schmiermaxe« von Jörg Steinhausen in Australien und England die Plätze zwei und drei.

Steinhausen
Racing
OLYMPIA
REISEN
....fly east

Sieg in Australien: Webster/Woodhead gewannen das Rennen zum Seitenwagen Weltcup im australischen Phillip Island.

Gut dabei: Steinhausen/Parzer rangierten nach den ersten drei Rennen in Südafrika, Australien und England auf Weltcup-Rang drei (rechte Seite).

Supersport-WM: Teuchert / Kellner dominieren Sugo

Bereits für den Auftakt in der Supersport-WM hatten sich die Top-Piloten viel vorgenommen, doch erst beim darauffolgenden Rennen in Sugo platzte für die beiden Alpha-Technik-Yamaha-Piloten Jörg Teuchert und Christian Kellner der Knoten: Sie fuhren einen blitzsauberen Doppelsieg heraus und lagen so nach den beiden Läufen in Australien und Japan auf den WM-Rängen drei und vier. Doch der Reihe nach.

In Australien sorgte einsetzender Regen für einen Abbruch und eine spätere Fortsetzung des Rennens. Teuchert wurde nach Teil eins als Achter, Kellner als Zehnter notiert. Gewinner des ersten Durchgangs wurde Ducatisto Paolo Casoli vor dem australischen Wild Card-Piloten Adam Fergusson auf Honda sowie Jamie Whitham aus England auf seiner Yamaha.

Nach dem Re-Start führte zunächst Whitham vor dem später noch stürzenden Kawasaki-Mann und letztjährigen Supersport-Vizeweltmeister Iain MacPherson, doch Whitham musste in der Folge Ducati-Neuzugang Ruben Xaus den Vortritt lassen. Dieser zog unwiderstehlich davon, hatte wegen eines Sturzes und damit einer Runde Rückstand aus dem ersten Lauf ohnehin keine Chance mehr auf den Sieg. So sicherte sich Whitham schließlich den »Gesamtsieg« mit fast acht Sekunden Vorsprung auf Paolo Casoli und den amtierenden Weltmeister Stéphane Chambon auf Suzuki.

Teuchert hingegen rutschte in diesem zweiten Durchgang noch mit seiner Yamaha aus, konnte aber weiterfahren und sich so wenigstens als Gesamt-Elfter behaupten. Pech indes für seinen Teamgefährten Christian Kellner. Der nämlich wurde von Karl Harris, dem letztjährigen Superstock-Champion praktisch vom Motorrad gefahren. Keine Punkte also für ihn, dafür eine lädierte Schulter.

In Sugo nutzten Kellner und Teuchert die Gelegenheit, zu beweisen, was sie tatsächlich zu leisten im Stande sind. Kellner lies im Training trotz Erkältung mit der Pole Position aufhorchen, Teuchert sicherte mit Startplatz fünf eine großartige Teamleistung.

Im Rennen gelang den beiden noch besseres. Zwar starteten Chambon, Casoli, Honda-Mann Karl Muggeridge sowie Jamie Whitham am besten, doch mit zunehmender Renndauer bekamen sie der Reihe nach Probleme mit ihren Reifen. Casoli bezahlte dafür mit einem Sturz, die anderen hingegen nur mit dem Verlust ihrer Platzierungen. Von hinten nämlich machte das deutsche Supersport-Duo mit offenbar besser funktionierendem Reifenmaterial mächtig Druck und stand am Ende auch zuoberst auf dem Podest. Dritter wurde Chambon, Vierter Whitham, und Iain MacPherson sowie sein Teamkollege Andrew Pitt von Harald Eckls Kawasaki-Truppe kamen wenigstens auf die Ränge fünf und acht.

Quo Vadis, Ducati?

Wer wird Superbike-Weltmeister? Vor Saisonbeginn oder zumindest noch nach dem ersten Lauf in Kyalami hätte sicher jeder Experte Ducati stark mit ins Kalkül gezogen. Aber heute? Foggy verletzte sich in Australien schwer, Corser-Ersatz Ben Bostrom fährt hinterher, und Troy Baliss stürzte Ducati als Interims-Pilot auf Foggy's Ducati mit seinem Auftritt in Sugo erst einmal ins totale sportliche Abseits.

Alles nur Pech? Wäre Foggy nicht verletzt, sähe es für die Roten aus Bologna so schlecht nicht aus. Die Frage, ob der Rauswurf Corsers und die Verpflichtung Bostroms eine clevere Entscheidung war, beantwortet Corser höchst selbst auf seine Art. Bis in die Haarspitzen motiviert, siegt er und sammelt Superpole-Bestzeiten – nur halt jetzt mit der Aprilia.

Wohin führt der Weg für Ducati in dieser Saison? Ins Mittelmaß, ins Reich werksunterstützter Privatiers wie Andy Meklau oder Robert Ulm? Sieht fast so aus. Um dies zu verhindern, greifen die Bologneser nach jedem Strohhalm, der sich bietet. Für die WM-Runde in Donington heißt dieser Luca Cadalora und ist eigentlich mit der Entwicklung der Werks-Ducati betraut.

Mit dem Ruf, bei entsprechender Motivation noch immer mit den Besten der Welt mithalten zu können, trat er in Donington an. Dort kam Cadalora aber über Rang 17 im Training nicht hinaus, gab im ersten Rennen mit angeblich aufgearbeitetem Hinterreifen auf und wurde im zweiten Lauf schließlich nur 17. Hinter den Kulissen wurde gemunkelt, er habe wenig Lust gehabt, überhaupt zu starten.

Foggy kehrt voraussichtlich erst zum WM-Lauf in Laguna Seca in die WM zurück. Und zumindest bis dahin wird Ducati wahrscheinlich eher kleine Brötchen backen müssen. Für den Einsatz beim folgenden Rennen im italienischen Monza setzte Ducati jedenfalls erneut auf Troy Bayliss.

Formationsflug

In Monza, Hockenheim und Misano pressten die WM-Superbiker das Letzte aus sich heraus. Sehr zum Gefallen der Fans

Wie entfesselt: Akira Yanagawa (4) freute sich wie hier in Hockenheim auch in Monza über Podestplätze. Haga (41) und Slight (111) mussten sich ihm im badischen Motodrom beugen.

Sie waren schon lange nicht mehr live bei einem Motorradrennen dabei und schalten auch den Fernseher bei Übertragungen nur selten ein? Dann, lieber Motorradsport-Fan, ja dann sind sie selbst schuld.

Denn was derzeit zumindest in der Superbike-WM geboten wird, ist an Hochspannung kaum mehr zu überbieten. Beispiele gefällig?

Nehmen wir etwa die WM-Runde in Monza. Lokalmatador Pierfrancesco Chili gewinnt mit seiner Suzuki nach erbittertem Fight Umlauf eins vor Honda-Mann Colin Edwards, und zwar mit der Winzigkeit von 0,028 Sekunden Vor-

Wollten wieder in die Superbike-WM: Peter Goddard und seine Frau machten einen Besuch in Hockenheim. Wenig später bot sich dem Australier eine Gelegenheit im Team von Kawasaki Eckl.

sprung. Dritter wird Kawasaki-Pilot Akira Yanagawa, der sich nach missglücktem Saisonauftakt nicht nur körperlich, sondern auch mental von seiner Verletzung frei und mit eisernem Willen aufs Podest fuhr. Wie vielfältig, ausgewogen und damit eben auch spannend die Superbike-WM in diesem Jahr ist, deutete in Monza auch Troy Bayliss auf seiner Werks-Ducati an. Nach seiner Sturzarie in Sugo blamiert bis auf die Knochen, zog der Australier völlig befreit am Gaskabel und wurde am Ende Vierter. Vier unterschiedliche Marken also unter den ersten Vier.

Ein fast deckungsgleiches Bild im zweiten Durchgang. Jedoch schlug Edwards Chili diesmal – mit der Kleinigkeit von 0,031 Sekunden. Dritter wieder Yanagawa vor Bayliss und – Doping-Sünder Noriyuki Haga auf Yamaha.

So jedenfalls das Urteil der Kommission, die zwei Wochen später, beim Lauf in Hockenheim, den Fall erörterte und gegen den – wegen der in seiner Urinprobe von Kyalami nachgewiesenen Ephedrin-Überkonzentration – eine

Und es hat Bumm gemacht: Gobert fiel in Hockenheim mit technischen Problemen aus, und in Misano konnte er erst gar nicht starten. Der Mannschaft um Virginio Ferrari ging schlicht das Geld aus.

MOTORRAD-Fahrer: Superbike-WM-Frischling Markus Barth zeigt hier deutlich, worauf es offenbar ankommt.

pole-Trophy in Empfang nehmen. Im Training als einziger Pilot unter der magischen 2 Minuten-Schallmauer geblieben, glaubten viele in ihm den souveränen Sieger zu sehen. Doch weit gefehlt.

Eine Fünfergruppe, bestehend aus Edwards, seinem wieder erstarkten Teamgefährten Aaron Slight, Yanagawa, Haga und Bayliss machte die Pace, und entschieden wurde die Windschattenschlacht mit Topspeeds um 310 km/h auf den langen Geraden im Hockenheimer Wald erst in der allerletzten Runde – und ausgerechnet vom blamierten Sugo-Unglücksraben Bayliss. Erster Erfolg also für die ansonsten sieggewohnte Ducati-Werksmannschaft, und nach Neil Hodgson's Triumph in Donington auf einer der neun gebauten 996 RS 2000-Maschinen der zweite Ducati-Sieg überhaupt in diesem Jahr.

Apropos Ducati. Ben Bostrom wurde am Donnerstag strafversetzt und durfte mit der 99er-Ducati 996 RS von Juan Borja vorlieb nehmen. Der Spanier seinerseits wechselte dafür als zweiter Werkspilot ins Ducati Performance Team und sollte dort gut einschlagen. Tat er allerdings nicht – oder doch. Am Freitag atomisierte er schon nach wenigen Runden eines seiner beiden Werks-Motorräder. Im Training war er in der Folge nur 17., und in den Rennen sprangen gerade mal die wenig rühmlichen Plätze 13 und zwölf heraus.

Hinter seinem neuen Teamgefährten Bayliss folgten im ersten Lauf ein völlig entfesselt fahrender Yanagawa, der mit seiner pfeilschnellen Kawasaki kurz vor Schluss sogar zeitweilig die Führung übernommen hatte, der bestrafte Haga, vor Pole-Setter Edwards und Slight.

Und auf Platz sechs zeigte sich dann schon ein Mann, auf den die Zuschauer in Hockenheim ihre Augen besonders gerichtet hatten: Andreas Meklau vom Gerin World Superbike Team.

Speed Triple: Edwards, Haga und Chili gaben sich in Hockenheim die Kante. Spannender kann Rennsport kaum sein.

Das gibt a Busserl: Andreas Meklau herzt seine Schrauber für Platz sechs im badischen Motodrom.

In Monza einmal wegen Nichtbeachtens einer Stop-and-Go-Strafe – Andy kürzte eine Schikane ab – disqualifiziert, und im zweiten Durchgang als Achter im Ziel, nahm sich der Spielberger viel vor. Viel auch deshalb, weil es im Vorjahr in Hockenheim besonders gut lief – im Training war er damals gar Zweiter und startete nach einer fulminanten Superpole aus der ersten Reihe.

Supersport-WM: Teuchert auf dem Vormarsch

Wo bitte ist vorn? Antwort: Da, wo Jörg Teuchert ist. Nach seinem siebten Platz in Monza ließ der Franke in Hockenheim nichts anbrennen und siegte – wenngleich mit nur 0,026 Sekunden Vorsprung auf Ducatisto Ruben Xaus, Suzuki-Mann und Weltmeister Stéphane Chambon sowie Kawasaki-Pilot Iain MacPherson. Paolo Casoli, der in Monza vor Jamie Whitham und Karl Muggeridge gewann, fühlte sich allerdings von Teuchert unfair attackiert. Was seinen Teamchef Davide Tardozzi postwendend veranlasste, Teucherts Teamchef Udo Mark an die Wäsche zu gehen. Handgreiflichkeiten in der Boxengasse? Nicht die feine italienische Art und für Mark Anlass, einen Beschwerdebrief an die FIM zu verfassen. Auch deshalb, weil Casoli Teuchert nach dem Rennen gar bedroht haben soll. »Pass' in Misano im Training und im Rennen gut auf dich auf«, habe er, so Teuchert, allen Ernstes erklärt. Doch die Gemüter sollten sich auch wieder beruhigen.

Neues aus dem Fahrerlager: West wird Yamaha-Sponsor, neue Reifen von Michelin

Die Zigarettenmarke West, bekannt als Sponsor von Formel 1-Team McLaren-Mercedes, steigt in die Superbike-WM ein, und zwar als Sponsor des Yamaha-Werksteams von Noriyuki Haga. Am Samstag präsentierte West im Hockenheimer Fahrerlager nicht nur wegen des Tabak-Werbeverbotes in Deutschland mit »Haga«- statt »West«-Aufklebern beklebte Mercedes A-Klasse-Modelle, sondern lud auch in die Yamaha-Hospitality zu freiem Champagner und kostenlosen Rauchwaren ein.

Ganz im Verborgenen wirkte hingegen Michelin. Die bereits in Kyalami für die Werks-Ducati und Werks-Honda verfügbaren 16,5 Zoll-Vorderreifen sind nun auf breiterer Front verfügbar. Unter anderem durften Robert Ulm und Andy Meklau im Rennen auf die feinen Gummis vertrauen, die den Ducati unter anderem ein besseres Einlenkverhalten beschert. Die Hoffnung der PS-Redakteure Ralf Schneider und Jürgen Gaßebner, die Super-Reifen auch am Montag bei den Testfahrten mit Meklaus und Ulms Ducati ausprobieren zu dürfen, erfüllte sich jedoch nicht. »Michelin sammelte alle Pneus nach den Rennen fein säuberlich ein«, erklärte Teamchef Wolfgang Pernter. Das galt auch für die neuen 16,5 Zoll-Hinterreifen, die über einen gänzlich geänderten Aufbau verfügen und sich im badischen Motodrom auf Anhieb bestens bewährten.

Mit Ladehemmung: Juan Borja ersetzte bei Ducati ab Hockenheim den glücklosen Ben Bostrom. Doch bei seinem ersten Einsatz erwies sich der Spanier eher als Rohrkrepierer.

Für Hockenheim liefen die Vorbereitungen der Gerin-Crew auf Hochtouren. Eigentlich waren für den Montag vor dem Rennen sogar noch Testfahrten mit PS angesetzt, doch am Sonntag, kurz vor Mitternacht, zog Motorenmann Charly Putz in letzter Sekunde die Notbremse. »Ich hab' noch sieben von acht Motoren offen. Wir packen's nicht«, erklärte der Steirer. Dass es sich hierbei keineswegs um eine Ausrede handelte, unterstrich die Tatsache, dass Putz und die Ducati-Motoren erst am Trainingsfreitag in aller Hergottsfrühe in Hockenheim eintrafen.

Dass sich das Stress-Programm gelohnt haben würde, wusste das Team aber freilich erst am Sonntagnachmittag. Andy Meklau verbuchte die Ränge sechs und acht, sein Teamgefährte Robert Ulm kam auf Rang acht und elf. »Fast perfekt«, freute sich Teamchef Wolfgang Pernter und gab dann schließlich grünes Licht für den Fahrtermin der beiden Superbikes für die PS-Mannschaft mit Ralf Schneider, Dirk Raudies

Kein neues Reglement für 2001

Eigentlich steht das Superbike-Reglement für 2001 bereits. Eigentlich. Wenn da nur nicht die Angst von Superbike-Promotor Flammini vor den Plänen des Grand Prix-Zirkus wäre, ab 2002 mit großvolumigen Viertaktern anzutreten. Kaum einen anderen Schluss lässt jedoch die wie folgt zu beschreibende Entwicklung zu.

Anlässlich der Superbike-WM-Runde in Sugo Ende April trafen sich Flammini, die involvierten Hersteller sowie die FIM zu einem Meeting.

Während sich die japanischen Hersteller dabei lediglich uneins über die Zusammensetzung der ab 2001 anzubietenden Kits (30 Kits Minimum zum Preis von 35000/40000 Dollar für 2/4-Zylinder) gewesen sein sollen, lehnten die beiden italienischen Hersteller Aprilia und Bimota die Kit-Lösung angeblich ab. »Wir sind noch nicht bereit für diese Lösung und wollen bei den gegenwärtigen Superbike-Regeln bleiben«, soll es geheißen haben. Ducati wiederum soll einen flexiblen Standpunkt nach dem Motto »Wir sind zu beidem bereit« gezeigt haben. Last but not least der Wunsch von Promotor Flammini: Die Regeln mögen für 2001 bleiben wie sie sind, und für 2002/2003 könne man über ein Modell mit 750er- und 1000er-Vierzylinder sowie über 1000er-Zweizylinder sprechen.

Entschieden werden sollte die weitere Marschrichtung schließlich am 16. Juni in Misano.

Dort tagten die Interessen-Vertreter von Industrie, Promoter SBK und FIM erneut, und wie es der am darauf folgenden Tag von der FIM verbreiteten Stellungnahme zu entnehmen war, bleibt für die kommende Saison nun erst einmal alles wie es ist. Die Lösung mit den 30 pro Hersteller anzubietenden Kits ist für 2001 zunächst vom Tisch, soll jedoch 2002 definitiv eingeführt werden. Promoter Flammini dürfte sich mit diesem Agreement zwar die Leistungsdichte und damit die Attraktivität der Superbike-WM für 2001 gesichert haben, doch für 2002 stellt sich die Frage damit wahrscheinlich ein zweites Mal. Denn die Angst vor dem Viertakt-Grand Prix bleibt.

Kolumne von Jörg Teuchert

In Hockenheim zu gewinnen: Das war für mich das höchste Gefühl, vor allem nach dieser letzten Runde. Der Start war eine »Atomscheisse«. Wir hatten den ersten Gang extrem lang übersetzt, ich hatte die Kupplung bei etwa 10000/min etwas zu früh losgelassen, dann nachgefasst und musste schauen, wie ich dran bleibe. Wir haben derzeit etwa 120 PS am Hinterrad, mit dieser Leistung sind wir offensichtlich konkurrenzfähig. Meine Taktik für die letzte Runde war: Nach der Ostkurve Gas zu bis zur Schikane, dann in den Windschatten. Casoli und Xaus haben den Trick nicht gerafft und mich anschließend als unfair bezeichnet. Die Attacke war hart, aber korrekt. Sonst könnten wir bei den Weicheiern fahren. An den Titel denke ich jetzt noch nicht, aber schlecht schaut´s ja nicht aus.

und Jürgen Gaßebner am darauffolgenden Montag.

Während Haga im ersten Durchgang von Hockenheim noch mit Platz drei Vorlieb nehmen musste, gereichte ihm in Umlauf zwei ein glanzvoller Sieg zur Ehre. In der letzten Runde eroberte er die Führung und setzte sich im Kampf Mann gegen Mann gegen Edwards durch, der Zweiter wurde. Bayliss, der Sieger aus Lauf eins, landete auf Rang vier hinter Chili, den in Hockenheim wieder einmal das Pech mit voller Wucht traf. Im ersten Rennen löste sich die Lauffläche von seinem Hinterreifen und zerschlug das Heck. Augenzeuge Andy Meklau, der ihn in der Vorbeifahrt stehen sah: »Das schaute so schlimm aus, als wäre ihm einer direkt hinten rein gefahren.«

Neben den spannenden Superbike-Läufen hatten aber speziell die deutschen Zuschauer ausreichend Gründe zum Jubeln. Jörg Teuchert gewann die Supersport-Konkurrrenz, und Jörg Steinhausen siegte mit Passagier Christian Parzer im Rennen zum Seitenwagen-Weltcup.

Für die nächste Superbike WM-Runde in Misano hatte sich vor allem Chili einiges vorgenommen. Schließlich betreibt er in Misano Adriatico einen kleinen Badestrand und startete damit als klarer Lokalmatador. Das unweit in Rimini ansässige Bimota-Team um Virginio Ferrari sinnte ebenfalls auf Erfolg. Vor allem, nachdem seit dem kapitalen Sturz von Anthony Gobert in Sugo keine brauchbaren Ergebnisse erzielt wurden und die Bimota in Hockenheim gar zweimal mit Defekt (Zylinderkopfdichtung bzw. Elektrik) ausfiel.

Doch weder für Bimota noch für Chili war Misano eine Reise wert. Bimota-Teamchef Virginio Ferrari verzichtete

Kolumne von Andy Meklau

In Hockenheim lief's toll, ganz zufrieden bin ich aber doch nicht. Immerhin stand ich 1999 in der ersten Startreihe, und so wollte ich das heuer gerne wiederholen. Zumal Hockenheim durch den Wegfall des Rennens auf dem A1-Ring dieses Jahr sozusagen mein Heim-Rennen war. Im Rennen hat meine Ducati perfekt funktioniert, und ich wollte unbedingt den »Zug« der Top-Fünf erwischen. Leider riss der Kontakt dann doch etwas ab. Aber mit nur sieben Sekunden Rückstand auf den Sieger im ersten Lauf Sechster zu werden, war wirklich nicht schlecht.

Kolumne von Robert Ulm:

Hockenheim wie auch Monza zählen eigentlich nicht zu meinen Lieblingsstrecken. Aus meiner Kawasaki-Zeit habe ich da eher schlechte Erinnerungen, denn ich war im Topspeed immer unterlegen. Mit der Ducati gehörte ich aber zu den Schnellsten im Feld, zudem lag das Motorrad sauber. Gute Voraussetzungen für eine Top-Platzierung also. In der Superpole von Hockenheim war ich sehr konzentriert, leistete mir in der Nordkurve aber einen kleinen Fehler, den ich unbedingt kompensieren wollte, was nicht gelang. Meiner Motivation für die Rennen hat das aber nicht geschadet. Fazit: Ich bin zufrieden, aber das Motorrad ist im Moment noch deutlich besser als ich.

ganz und gar auf eine Teilnahme an dieser WM-Runde, da sich der Anfang der Saison als sein Partner vorgestellte afrikanische Prinz Malik als wenig seriös heraus stellte und wichtige Sponsorengelder damit ausblieben. Selbst das Angebot des Bimota-Werkes, das Budget sicherzustellen, schlug Ferrari aus.

Chili hingegen hatte sportliche Probleme. Einmal gestürzt, das andere Mal ausgefallen, wurde Misano für ihn zur Null-Runde. Mächtig Dampf machte dafür Corser, der beide Läufe gewann, und nun auf WM-Rang zwei hinter Edwards liegt. Haga, aufgrund seines kurz nach Hockenheim eingereichten Einspruches in Misano am Start, kam auf Platz sieben im ersten Umlauf, im zweiten Durchgang stürzte er.

Eine unmissverständliche und obendrein sportliche Antwort auf die Vorgänge in Hockenheim gab Jörg Teuchert bei den Supersportlern. In der »Höhle des Löwen«, sprich im von Italienern gern beherrschten Hexenkessel von Misano, ließ er nichts anbrennen, knallte die schnellste Runde hin und übernahm mit Rang drei die WM-Führung. Teamkollege Christian Kellner setzte gleich noch eins drauf, und gewann gar vor Ducatisto und Local Hero Paolo Casoli. Teamchef Udo Mark nach dem Rennen: »Ich war vor dem Start so nervös wie nie und kann nur sagen: Die wahren Helden von Misano sind meine beiden Fahrer.« Und weil die deutsche Abordnung in Misano gar so gut in Fahrt kam, wollte Katja Poens-

Willkommen im Ducati-Club: Ben Bostrom (re.) wünscht Juan Borja (mi.) viel Glück. Dessen Landsmann und Markenkollege Ruben Xaus schaut da nur.

In der Supersport-WM ging's hoch her: Jörg Teuchert (4) und Christian Kellner (6) jagen hier Weltmeister Stéphane Chambon mit Erfolg durch die Sachskurve. Teuchert gewann das Rennen in Deutschland, sein Teamkollege das im adriatischen Misano.

gen nicht zurück stehen. Blitzsauber gaste sie in der Superstock-EM auf Rang zwei und legte auch gleich noch einen neuen Rundenrekord auf's Parkett.

Bravouröses aus deutscher Sicht gab es auch aus dem Seitenwagen-Weltcup zu vermelden. In Monza schrieben sich zunächst Steve Webster/Paul Woodhead vor ihren beiden erbitterten Widersachern Klaus Klaffenböck/Adolf Hänni in die Siegerlisten ein, Dritte wurden Abbott/Biggs. In Hockenheim kam – nach dem Ausfall in Monza – dafür die große Stunde für Webster's Teamgefährten Jörg Steinhausen und dessen österreichischen Co-Piloten Christian Parzer. Mit 0,410 Sekunden Vorsprung gewannen sie ihr erstes Weltcup-Rennen, und das noch vor heimischer Kulisse. »Webbo« erntete Platz zwei, behielt die WM-Führung, und Klaffenböck wurde Dritter. Im italienischen Misano siegte wiederum Webster – vor Klaffenböck –, Muldoon/Gusman wurden Dritte. Jörg Steinhausen und Christian Parzer fuhren auf Platz fünf und sicherten für sich damit den dritten Weltcup-Rang ab.

Ihr erster Weltcup-Sieg: Jörg Steinhausen und Schmiermaxe Christian Parzer ließen die teaminternen Konkurrenten Webster/Woodhead und auch Klaffenböck/Hänni in Hockenheim sauber ins Rohr schauen. Tolle Leistung.

Spannender Dreikampf: Steinhausen (8) führt in Hockenheim vor Klaffenböck (2) und Teamkollege Webster (1). Am Ende landete die Steinhausen-Mannschaft einen grandiosen Doppelsieg.

Besonderer Moment: In Hockenheim standen Steinhausen/Parzer erstmals bei einem Weltcup-Rennen zuoberst auf dem Podest.

Aufholjagd

Allen Querelen um seine Doping-Sperre zum Trotz, rüstete Noriyuki Haga in Spanien und den USA zum Angriff auf die WM-Führung

Zwei außer Rand und Band: Noriyuki Haga (41) und Ben Bostrom (155) boten in Laguna Seca wie hier in der berühmten Corkscrew eine tolle Show.

Noriyuki Haga – entweder hat dieser Mann Nerven wie Stahlseile oder eben gar keine. Immerhin könnte man ja davon ausgehen, dass das Hin und Her um die ihm angelasteten Doping-Vorwürfe irgendwelche negativen Auswirkungen auf seine fahrerischen Leistungen haben könnte.

Cooler Typ: Allen Doping-Vorwürfen zum Trotz kämpfte sich Noriyuki Haga in Valencia und Laguna Seca zweimal zuoberst auf's Podest.

Doch weit gefehlt. Kurz vor dem Rennen in Hockenheim Anfang Juni sprach die FIM eine Sperre von 30 Tagen aus – Haga gewann daraufhin prompt einen Lauf im badischen Motodrom und legte flugs Berufung ein. In Valencia landete er in Umlauf eins auf Rang drei, den zweiten gewann er glatt. Auch im kalifornischen Laguna Seca ließ der japanische Superdrifter nichts anbrennen und siegte im ersten Durchgang überlegen, obgleich er dort eigentlich gar nicht hätte starten sollen. Am Donnerstag vor dem Rennen in den Vereinigten Staaten hatte die FIM eine Sperre von drei Wochen verhängt, aber Haga ging abermals in die Berufung und sicherte sich so die Startberechtigung in Amerika. »Langsam aber sicher wird die Sache lächerlich«, kommentierte FIM-Mann Max Deubel den Vorgang vor Ort, räumte allerdings ein, dass Haga's Vorgehen »durchaus rechtens« sei.

Dass Noriyuki Haga trotz seiner Siege immer noch nicht WM-Leader ist, liegt einerseits an den 45 Punkten von Südafrika, die ihm aberkannt wurden, andererseits aber auch an seinen beiden ärgsten Widersachern Troy Corser auf Aprilia und Colin Edwards, dem WM-Führenden, auf Honda.

Zwar vermochte Edwards seit dem Rennen in Monza keinen Lauf mehr zu gewinnen, aber ein sattes Zählerpolster und konstantes Punkten halfen ihm, die Führung mit den Plätzen fünf und vier in Valencia sowie zwei und vier in Laguna Seca zu verteidigen.

Wie Haga sorgte aber vor allem auch Troy Corser dafür, dass Edwards' Vorsprung schmolz. Auf nunmehr 18 Punkte auf den Australier und 33 Punkte auf Haga. Corser verbuchte in Valencia und in Laguna Seca jeweils einen Sieg und macht die Superbike-WM so zum spannenden Dreikampf zwischen Edwards, ihm und Haga.

Während für Honda, Aprilia und Yamaha damit der Endspurt im Kampf um die WM-Krone eröffnet ist, sorgt sich die Konkurrenz darum, einigermaßen Anschluss an das Trio zu halten. Suzuki-Mann Pierfrancesco Chili etwa, der mit gebrochenem Schlüsselbein und lädiertem linken Knie in Spanien und den USA immerhin Top Ten-Ergebnisse herausfuhr und so WM-Rang vier sicherte. In der Superpole-Sitzung von Laguna Seca sprang gar Startplatz drei für den gebürtigen Bologneser hinter Colin Edwards und Pole-Setter Troy Bayliss auf Ducati heraus.

Bayliss, die designierte Nummer Eins bei Ducati, in Valencia mit Platz drei und vier einigermaßen die Erwartungen von Ducati erfüllend, münzte Startplatz eins in einen Sturz und einen wenig erbaulichen siebten Rang um. Sein Teamkollege Juan Borja, als Ersatz für Ben Bostrom im Team, vermochte mit Platz neun und einem Sturz ebenfalls nicht zu überzeugen, zumal er in Valencia gleich zweimal das Kiesbett heimsuchte und in Laguna Seca überdies zwei der edlen Werks-Geräte in den Trainings verschrottete.

Zur Frage »Sind sie glücklich über den Tausch von Borja gegen Bostrom?« fiel dem dennoch blendend gelaunten Ducati-Teamchef Davide Tardozzi aber trotzdem nur Positives ein. »Ja, unbedingt. Ben Bostrom kann sich im NCR-Team ohne Druck entwickeln und gute

Ein Bologneser kennt keinen Schmerz: Pierfrancesco Chili war trotz hinderlicher Blessuren erfolgreich unterwegs.

Auf dem Vormarsch: Siege in Valencia und Laguna Seca brachten Troy Corser und die Aprilia RSV Mille auf WM-Kurs.

Leistungen zeigen«, erklärte er weise lächelnd.

Und in der Tat scheint Bostrom nicht nur sich, sondern auch sein Arbeitsgerät – einen 99er-Production Racer vom Typ 996 RS – zu entwickeln. In Valencia zweimal superstarker Zweiter und in Laguna Seca nach vorübergehender Führung Vierter und Dritter, machte der »strafversetzte« Ducatisto seine eher schwache Vorstellung zum Beginn der Saison vergessen. Inwiefern

Der Knoten war geplatzt: Nach der WM-Runde in Laguna Seca rangierte Corser mit nur 18 Zählern Rückstand auf WM-Leader Edwards auf Platz zwei.

Gehirnerschütterung geplagt – unfreiwillig vom Motorrad. In den Rennen folgten dann ein weiterer Sturz sowie ein 14. Rang. »Mir tut es vor allem für meine Mechaniker leid, aber ich weiß auch nicht so recht, was los ist«, haderte ein ziemlich frustrierter Robert Ulm am Sonntagabend.

Wenig erfreulich verlief das Wochenende in Amerika auch für seinen Teamkollegen Andreas Meklau. In Va-

ihm in Laguna Seca dabei die erstmals an der RS 996 eingesetzte Öhlins-Gabel mit den Radial-Bremszangen, wie sie sonst nur den reinrassigen Werksrennern vorbehalten sind, geholfen hat, muss offen bleiben. Ducati-Pressesprecher Michele Morisetti erklärte aber, dass »Bostrom extrem stark bremst und diese Bremsanlage deshalb mit Nachdruck gefordert hat.«

Das Thema Bremsen war in Laguna Seca aber auch bei anderen Fahrern ein ergiebiges Thema. So testeten Noriyuki Haga und Colin Edwards im Training etwa zwei verschiedene Nissin-Systeme, und an Robert Ulms Ducati kamen wie schon in Valencia Bremsscheiben und Bremsbeläge von Lucas zum Einsatz.

Wenngleich sich die Lucas-Einheit auch durch ein bissigeres Ansprechverhalten und günstigere Gestehungskosten auszeichnen soll, so half sie Robert Ulm dennoch nicht, Laguna Seca in ein besonders erfolgreiches Wochenende zu verwandeln. Zweimal stieg der Steirer im Training – nach seinem Startunfall in Valencia immer noch von einer leichten

Neues aus dem Fahrerlager

In Laguna Seca fand am Samstag auch ein Rennen zur AMA-Superbike-Meisterschaft statt, an dem John Kocinski mit einer Vance & Hines-Ducati RS 996 teilnahm. Kocinski sicherte sich am Freitag zunächst souverän die Pole Position, stürzte im Rennen dann aber in Führung liegend ausgangs der Corkscrew. Es siegte schließlich Honda-Mann Nicky Hayden vor Suzuki-Pilot Mat Mladin.

Für einen Kurzurlaub nutzte Katja Poensgen – übrigens nicht mehr mit Christian Kellner zusammen- die Superbike-WM in Laguna Seca. Zusammen mit Kevin Schwantz schrieb sie im Suzuki-Pavillon Autogramme. Kevin Schwantz: »Gefällt mir, dass Katja so schnell Motorrad fährt. Ich muss mir da was überlegen.« Kevin Schwantz als Teamchef von Katja Poensgen in der Superbike-WM? Katja: »Kevin als Berater wäre ein Traum.«

Noriyuki Haga und Aaron Slight sorgten im Training für Aufsehen unter den technisch Interessierten in der Boxengasse. Haga pilotierte eine R7 mit Sechskolben-Nissin-Zangen, die in ihrer Bauweise stark an die Radialbremssättel von Brembo erinnern. Slight dagegen probierte Sechskolben-Nissins aus, die über zwei Sicherungsbolzen für die Bremsbeläge verfügen. Der Grund für das Bremsen-Wirrwarr? Letzte Tests für das prestigeträchtige 8 Stunden-Rennen in Suzuka Ende Juli.

Auf dem Flughafen von San Francisco traf PS-Sportchef Gassebner im Bus zufällig Urs Wenger. Der Schweizer, der in der Vergangenheit für die Technik der Swissauto-Grand Prix-Motoren verantwortlich zeichnete, befand sich auf der Rückreise von einem dreiwöchigen USA-Urlaub. »Für den Motorradbereich mache ich nichts mehr, nur noch Entwicklungen für den Automobilbereich«, erklärte der Schweizer, der von der Superbike-WM nur zufällig erfuhr und sie nicht besuchte.

lencia vermochte er nur magere fünf Pünktlein zu erobern, und in den Staaten waren es mit einem zwölften Platz im ersten Lauf deren vier. In Umlauf zwei, gerade als sich der Steirer gut in Fahrt kommen sah, klappte ihm dann das Vorderrad weg.

Viel besser als in der ganzen bisherigen Saison lief es dagegen bei Giovanni Bussei im Kawasaki-Team von Bertocchi. In den letzten Rennen öfters mit total entladener Batterie liegen geblieben, startete der Italiener diesmal gleich mit zwei Batterien, und siehe da, die Kawasaki erreichte das Ziel. Ein zehnter und ein elfter Rang stimmten Bussei sichtlich zufrieden. »Und das, obwohl wir wirklich ein langsames Motorrad haben«, wie er versicherte.

Die Kawasaki-Fahne noch ein Stückchen höher hielt freilich Akira Yanagawa. In Valencia mit Platz zehn und zwölf unter Wert geschlagen, behauptete sich der Japaner in Amerika immerhin auf den Plätzen sechs und fünf. Sein Interims-Teamgefährte als Ersatz für den verletzten Gregorio Lavilla, der Australier Peter Goddard, konnte seine

Boomerang-Ben: Fast schon abgeschrieben ließ Ben Bostrom in Valencia und den USA nichts anbrennen und fightete mit der NCR-Ducati um den Sieg.

Sidecar Worldcup

Die Abonnement-Sieger Steve Webster und Passagier Paul Woodhead mussten sich im spanischen Valencia mit Platz zwei begnügen. Es siegten die österreichisch/schweizerische Paarung Klaus Klaffenböck und Adolf Hänni. Webster's Teamgefährten Jörg Steinhausen und Christian Parzer wurden Dritte. Im amerikanischen Laguna Seca gingen die Seitenwagen-Teams nicht an den Start und konnten sich so eine wohlverdiente Ruhepause von mehr als zwei Monaten bis zum nächsten Rennen im englischen Brands Hatch gönnen.

beiden sechsten Plätze von Valencia in den USA nicht wiederholen. In Laguna Seca strandete er im ersten Durchgang mit völlig aufgelöstem Hinterradreifen als 16., im zweiten Durchgang wurde er immerhin Zehnter.

USA today: Ben Bostrom gelangen bei seinem Heimrennen in den USA die Ränge drei und vier.

Supersport-WM

Mit einem glatten Doppelschlag vernichteten die beiden deutschen Supersport-Asse Christian Kellner und Jörg Teuchert die Supersport-Konkurrenz im spanischen Valencia. Kellner gewann den Lauf mit hauchdünnen 12 Tausendstel Sekunden vor seinem Teamgefährten Teuchert sowie Honda-Pilot und Lokalmatador Pere Riba. In der Supersport-WM führt Teuchert nun mit 116 Punkten vor Kellner mit 99. Dritter ist Jamie Whitham – ebenfalls Yamaha-Pilot – mit 88 Zählern.

Peilt Teamchef Udo Mark damit die Doppelweltmeisterschaft an? »Im Moment sieht's super aus, aber die Saison ist noch nicht um. Toll wär's aber schon …«, freute sich der Schwarzwälder über seine Schützlinge.

Vorn in Valencia: Christian Kellner vom Team Alpha-Technik-Yamaha siegte im spanischen Valencia.

Kolumne Jörg Teuchert

Um Eines klar zu stellen: Ich bin nicht sieben Kilo zu schwer, sondern sieben Kilo zu groß gegenüber meinem Teamkollegen Christian Kellner. Als wir aus der letzten Kurve in Valencia heraus beschleunigt haben, hatte er im Ziel eben deshalb 12 Tausendstel Vorsprung, eine Vorderradlänge. Ich bin deswegen nicht beleidigt. Im Gegenteil: Ich freue mich riesig, dass beim Christian der Knoten geplatzt ist. Wir hatten zuletzt zwei Bombenergebnisse, die Stimmung im Team ist gigantisch. Stallregie? Blödsinn im Moment. Vielleicht nach den nächsten zwei Rennen. Im Moment gilt für jeden von uns: Punkten um jeden Preis. Im Moment bin ich zwar der Gejagte, aber die Situation kenne ich aus der DM, nur jetzt habe ich mehr Erfahrung. Die Saison geht noch vier Rennen, ich mache jetzt viel Konditions-Training, arbeite natürlich auch bei Vater Arnulf im Yamaha-Laden und hoffe, dass ich den Rhythmus nicht verliere. Meine Mechaniker haben Zeit, sich für den Endspurt auszuruhen, die Yamahas nochmals zu checken, und ich verspreche euch: Das Saisonende wird spannend wie noch nie.

Vorn in der Tabelle: Jörg Teuchert führte zu diesem Zeitpunkt mit strammen 116 Punkten die Supersport-WM an.

Suzuki-Piloten unter sich: Superstock-Frau Katja Poensgen holte sich in Laguna Seca wichtige Tipps von Ex-500er-Weltmeister Kevin Schwantz.

Platz zwei in Valencia:
Webster/Woodhead mussten sich in Spanien mit Rang zwei hinter Klaffenböck/Hänni begnügen. Weltcup-Leader blieben sie aber dennoch.

Wie besprochen: Steinhausen und Parzer angelten sich auch im spanischen Valencia mit Platz drei wieder einen schönen Podestrang.

British Open

Englische Wildcard-Fahrer wie Neil Hodgson waren in Brands Hatch vor 105000 Zuschauern das Salz in der Suppe, und Troy Bayliss fuhr nebenbei das Ducati-Werksteam aus der Krise

Brands-Stifter: Wie immer ging es im englischen Brands Hatch heiß zur Sache, wie dieses Foto aus der ersten Rennrunde nach dem Re-Start belegt.

Neil Hodgson strahlte am Samstag wie ein Honigkuchenpferd. Vor heimischem Publikum hatte er in der Superpole Startplatz eins erobert und damit belegt, dass er mittlerweile zu den Besten der Welt zählt.

Auch im Rennen am Sonntag ließ der Engländer keinerlei Zweifel an seiner Hochform aufkommen und lieferte sich mit Ducati-Werkspilot Troy Bayliss in den letzten Rennrunden einen Kampf bis aufs Messer, den Bayliss schließlich

Ließ fliegen: Wild Card-Ducatisto Neil Hodgson düpierte in Brands Hatch seine arrivierte Werks-Konkurrenz.

knapp für sich entschied. Zur Freude der britischen Fans folgten hinter Hodgson mit Suzuki-Mann Chris Walker und Ducatisto John Reynolds noch zwei weitere Wildcard-Piloten, die den arrivierten WM-Piloten einmal so richtig zeigten, wo der Bartel den Most holt.

Beste Unterhaltung war dem Publikum aber nicht nur durch die Darbietungen der englischen Armada gesichert. Mit einem spektakulären Flugprogramm füllte der Veranstalter die Rennpausen äußerst effektiv. Kunstflug-Einlagen mit einer Extra 300, einer Pitts S-2B sowie einem Hawker Harrier im extremen Langsamflug machten den Rennsonntag von Brands Hatch zu einer Show, wie sie besser kaum hätte inszeniert werden können. Nach Phillip Island, Kyalami und vormals Albacete ist Brands Hatch damit schon der vierte Austragungsort, bei dem der Veranstalter publikumswirksame Flugvorführungen mit dem Motorradsport verknüpft.

Doch geflogen wurde nicht nur in der Luft, sondern leider auch am Boden. Und zwar mit direktem Kurs auf Strohballen und Kiesbetten.

Neben zahlreichen Trainingsstürzen, deren prominentestes Opfer Jörg Teuchert wurde, beschworen zwei schwere Abgänge jeweils den Abbruch der beiden Superbike-Rennen herauf.

In Umlauf eins kollidierten Honda-Mann Colin Edwards, Yamaha-Fahrer Steve Hislop und sein Marken-Kollege Noriyuki Haga ausgangs der Kurve nach Start und Ziel. Während Edwards und Haga am Neustart teilnehmen konnten,

Local Hero: Neil Hodgson schnappte sich in Brands, wie der Engländer kurz sagt, die Superpole und einen Laufsieg.

Im Formationsflug: Gregorio Lavilla, gefolgt von seinem Teamkollegen Akira Yanagawa auf Kawasaki.

erwischte es Hislop scheinbar schlimm. Mit zunächst diagnostiziertem, gebrochenem linken Handgelenk, einer Knöchelfraktur rechts sowie einer Stauchung im Bereich des fünften Lendenwirbels und einer Gehirnerschütterung wurde er ins Hospital gebracht. Später jedoch wurde verkündet, Hislop habe nur schwere Prellungen und Schürfwunden davongetragen.

Edwards, im vergangenen Jahr noch dominierender Mann in Brands Hatch und in der Superpole am Samstag stramm auf Platz zwei gefahren, kam dennoch nicht sehr weit nach vorn. Eine lädierte Kupplung vereitelte mehr als Platz zehn im ersten Durchgang. Angesichts dessen rieb sich freilich Troy Corser, Edwards' ärgster Widersacher um den WM-Titel, die Hände. Er war mit der Aprilia immerhin auf Platz sechs vorgefahren und konnte den Punkterückstand so verringern.

Dass Freud' und Leid aber dicht beisammen liegen, bekam der Australier zu Beginn des zweiten Durchgangs zu spüren. Just in der Linkskurve bevor es in den im Wald gelegenen Teil der Strecke geht, fabrizierte er mit seiner Aprilia einen derben Highsider und fiel vor das schlitternde Motorrad, was Rennabbruch Nummer zwei zur Folge hatte. Der nachfolgende Akira Yanagawa, konnte mit seiner Kawasaki nicht

The King came back: Für eine Ehrenrunde stieg Carl Fogarty auf seine Werks-Ducati. Seine Anhänger forderten frenetisch sein Comeback.

mehr ausweichen, touchierte die RSV Mille und stürzte ebenfalls. Beide Piloten flogen in die Strohballen, doch während Yanagawa wieder aufstand und von Teamchef Harald Eckl per Roller zurück an die Box chauffiert wurde, blieb Corser offenbar regungslos liegen.

Schlimmes ahnend starrten die Zuschauer auf die Großleinwände, und Corser's Freundin Samantha eilte zum Unfallort, wo sie sehen musste, wie Troy mit einer Sauerstoffmaske da lag. Minuten später fuhr der Krankenwagen mit Corser in Richtung Medical Center ab.

Rund eine halbe Stunde nach dem neu gestarteten zweiten Umlauf, den diesmal Lokalheld Hodgson vor seinem Freund Bayliss sowie Suzuki-Star Pierfrancesco Chili gewann, wurde Troy Corser frisch und munter, jedoch übelst gelaunt in der Aprilia-Box gesichtet. »Der Crash sah im Fernsehen schlimm aus, weil Akira in mich hineingefahren ist, doch mir ist nichts passiert. Das Problem war, dass die Sanitäter mich am Boden festhielten und mir eine Nackenstütze sowie eine Sauerstoffmaske anzulegen versuchten. Ich hab' Ihnen immer wieder gesagt, dass ich okay bin, aber sie haben mir nicht geglaubt. Und wenn der Fahrer sagt, er sei okay, dann ist er doch okay«, echauffierte sich Corser, dem auf diese Weise die Chance auf möglicherweise entscheidende WM-Punkte genommen worden war.

Besser lief es dagegen für den unverschuldet zu Sturz gekommenen Yanagawa. Nach Platz neun im ersten Durch-

Supersport-WM: Teuchert im Pech

»Mit Pere Riba zusammen auf der Strecke zu fahren macht richtig Spaß. Mit ihm ist es wirklich auch mal möglich, im Training ein paar schnelle Runden zusammen auf den Asphalt zu legen. Ein netter Kollege«, äußerte sich Jörg Teuchert kurz vor dem Abschlusstraining am Samstag und war ganz allgemein locker, gelöst und bester Dinge.

Minuten später war alles anders. Teuchert flog ausgangs einer schnellen Linkskurve furchtbar ab, und wenig später diagnostizierten die Ärzte einen Bruch des linken Schlüsselbeins. Start unmöglich, statt dessen Heimreise noch am Sonntag, um am Montagmorgen dann gleich erfolgreich operiert zu werden.

Als schieres Glück im Unglück im Kampf um den WM-Titel ist dabei lediglich zu verbuchen, dass der Franke nun bis zum Rennen in Assen runde vier Wochen Zeit hat, die Blessur einigermaßen auszukurieren.

Ebenfalls auf der Habenseite kann das Team den Ausfall von Jamie Whitham, dem ärgsten Widersacher im Titelkampf verbuchen. Der Engländer war im Rennen in der Druids Bend ins Kiesbett gerutscht. Dank einer formidablen Leistung von Teucherts Teamgefährten Christian Kellner behielt die Crew um Udo Mark in Brands Hatch die Oberhand. Trotz einer stark geprellten linken Hüfte als Folge eines Highsiders im Training ließ Kellner im Rennen nicht locker und fuhr mit Platz sechs die verdiente Ernte dafür ein, dass er ordentlich auf die Zähne biss. »In den ersten Runden konnte ich mich gar nicht richtig bewegen. Später wurde es dann aber besser«, berichtete der Bayer geschafft aber happy nach dem Lauf, den Ducatisto Paolo Casoli knapp vor Karl Muggeridge auf einer Honda CBR 600 F sowie Kawasaki-Mann Iain MacPherson gewann. Casoli und Muggeridge lieferten sich rundenlang einen Fight mit Jim Moodie, der als Wildcardpilot am Start war. Erst in der Schlussphase kam MacPherson stark auf und übernahm in der letzten Runde sogar kurzfristig die Führung. Schließlich wurde der Kawasaki-Pilot Dritter, Yamaha-Fahrer Moodie Vierter.

»Jetzt muss der Bart ab, das ist so vereinbart«, freute sich Supersport-Cheftechniker Martin Gopp im Kawasaki-Team. Seine ansehnliche Gesichtsmatratze gelobte der Vorarlberger so lange nicht zu stutzen, bis endlich einer seiner beiden Kawasaki-Piloten Mac Pherson oder Pitt wieder einen Podestplatz herausfährt. »Wie schon beim letzten Mal in Hockenheim wird der Peter Goddard als Barbier fungieren. Der hat das damals ganz prima gemacht«, freute sich Goppi, wie er kosierend gerne genannt wird.

Mit der sechs auf die sechs: Christian Kellner erkämpfte sich in England Platz sechs, Teamkollege Teuchert brach sich das Schlüsselbein.

gang pfeilte er mit einer schweren Handprellung entschlossen um den Kurs, rang den mit Reifenproblemen hadernden Edwards nieder und wurde Fünfter. Brav auch sein Teamkollege Gregorio Lavilla, der mit Platz zwölf und acht nach seinem Hüftbruch ein gutes Comeback feierte.

Zufriedene Mienen auch bei Yamaha. Super-Drifter Noriyuki Haga landete mehr quer als spurtreu fahrend auf Platz fünf und vier und kam so bis auf einen Punkt an Corser heran.

So bleibt die WM also weiterhin, wie sie bereits das ganze Jahr über war: hochgradig spannend. Rein theoretisch haben noch die ersten Sieben in der WM-Tabelle Chancen auf den Titel, wenngleich sich der Kampf nun mehr und mehr zwischen Edwards, Corser und Haga zuspitzt.

Dennoch bleibt trotz des formidablen Motorradsports in der Superbike-WM ein großes Fragezeichen, und das betrifft das Finale in Imola. Angeblich wegen der dort an diesem Wochenende, dem 15. Oktober, stattfindenden Wahlen, wurde Imola als Austragungsort abgesagt. Als Alternativen für Superbike-Promoter Flammini sind Albacete in Spanien, Mugello in Oberitalien sowie seit diesem Wochenende Brands Hatch in der Diskussion. Außerdem besteht natürlich die Möglichkeit, den geplanten letzten Termin ersatzlos zu streichen – und dann wäre Oschersleben am 10. September Ort des Finales. Die Wahl fiel schließlich auf eine weitere WM-Runde in Brands Hatch.

Ebenfalls offen und somit fruchtbarer Boden für Spekulationen ist das Fahrerkarussell. Unmittelbar vor dem nächsten WM-Lauf in Assen kursieren bereits Gerüchte, die ihre Plausibilität mehr oder weniger alle davon abhängig machen, ob King Carl Fogarty zurückkehrt oder zurücktritt.

Da war noch alles gut: Jörg Teuchert ließ es mit seiner Yamaha YZF-R6 im Training gut ziehen - bis er ausgangs einer schnellen Linkskurve zu Boden musste.

Wer pilotiert etwa die zweite Werks-Ducati neben Troy Bayliss, Fogarty – oder gar Hodgson? Auch Supersportler Ruben Xaus ist ein Thema. »Bei Tests mit dem 996-Superbike war er sehr schnell«, berichtete Ducati-Teamchef Davide Tardozzi. Und was macht Kawasaki? Yanagawa's Vertrag läuft noch ein Jahr, er wird bleiben. Aber Lavilla? »Er hat so viel Pech gehabt«, sagt Teamchef Harald Eckl entschuldigend. »Er steigt auf eine Ducati, weil er endlich wieder Spass am Rennfahren haben

So ein Pech: Kurz nach dem Plausch mit Pere Riba brach sich Jörg Teuchert (rechts) das Schlüsselbein.

Bayard
YAMAHA
4
R6
ADVANCE

Sidecar Worldcup: Sieg für Klaffenböck

Klaffenböck/Hänni gewannen in Brands Hatch vor Webster/Woodhead und Steinhausen/Parzer. In einer spannenden Schlussphase attackierten Webster/Woodhead, die zwischenzeitlich auch in Führung lagen, nochmals mit allen Mitteln, doch konnten Klaffenböck/Hänni nicht mehr abgefangen werden. »Eine wesentliche Rolle dabei spielte ein zu überrundendes Gespann, mit dem irgendwie keiner mehr gerechnet hatte«, erklärte Jörg Steinhausen nach dem Rennen. Mit Platz drei zeigte sich Steinhausen durchaus zufrieden, und einem trotz Platz zwei strahlenden Steve Webster sah man an, dass ihm der Fight gegen Klaffenböck richtig Spaß gemacht hatte.

Superstock-EM: Poensgen Siebte

Rang zehn im Abschlusstraining, Platz sieben im Rennen – so lautete die Ausbeute von Suzuki-Frau Katja Poensgen in Brands Hatch. Klar favorisiert in dieser Klasse waren gerade in Brands Hatch die englischen Piloten, und so gingen die ersten drei Plätze auch an Piloten von der Insel. Es siegte Jamie Morley auf einer Suzuki GSX-R 750 vor Chris Burns auf einer Yamaha YZF-R1 sowie James Ellison auf einer Honda CBR 900 RR. Benny Jerzenbeck, der für das Team Steinhausen eine Suzuki GSX-R 750 pilotiert, fuhr auf Rang 17.

Eleven up: In der Superstock-Konkurrenz düste Katja Poensgen auf Rang sieben, Jim Morley gewann.

will«, will dagegen ein anderer Insider treffsicher wissen.

Und was passiert mit diesem superguten Chris Walker, der mit der Suzuki nicht nur in Donington, sondern auch hier in Brands Hatch aufs Podest fuhr? Ersetzt er möglicherweise den glücklos agierenden Katsuaki Fujiwara neben Pierfrancesco Chili?

Was die Rückkehr von Carl Fogarty anbelangt, sind die Würfel für diese Saison seit Brands Hatch gefallen. Zwar sei die Verletzung gut ausgeheilt, doch habe Carl noch nicht genügend Muskeln aufgebaut, um wieder Rennen bestreiten zu können. Deshalb wird er frühestens im November wieder auf eine Werks-Ducati steigen – wenn es nach dem Trainingsplan von Ducati geht. Doch zu diesem Zeitpunkt müssen die Verträge für 2001 längst unter Dach und Fach sein. Ließe sich Fogarty also bis dahin Zeit mit seiner Entscheidung, bliebe Ducati

War nichts mit dem Sieg vor heimischem Publikum: Steve Webster und Paul Woodhead mussten sich knapp geschlagen geben.

praktisch nur die Möglichkeit, ganz auf ihn zu verzichten – oder eine dritte Werks-Ducati für den Fall der Fälle in Petto zu halten. Realistisch? Wunschdenken? Spinnerei? Lassen wir das Schlusswort in dieser Sache seinem Teamchef Davide Tardozzi. Er sagt: »Es gibt eine Person, für die Ducati Dinge möglich machen würde, die sie für niemand anderen tun würden. Und die heißt Carl Fogarty. Für ihn sind wir sogar bereit eine ganz spezielle Lösung zu finden. Und eigentlich will er auch unbedingt den fünften WM-Titel.«

Schön wär's, wenn der King, der Magier auf seiner roten Werks-Duc 2001 nochmals anträte. Denn eines hat Brands Hatch auch gezeigt. Die Superbike-Welt ist verrückt nach diesem wilden Mann aus Blackburn, dessen entschlossener Blick als »Foggy's Eyes« sein Markenzeichen wurden. Vielleicht stehen die Chancen gar nicht so schlecht – als er zu einer Ehrenrunde auf seine Werks-996 stieg, funkelten die Augen jedenfalls wie in den besten Zeiten. Ein gutes Zeichen, wie manche meinten.

http://www.okm.com
OKM
EROTIC-MAGAZINE
uvex
OLYMPIA
REISEN
LUKSCH HEIZUNG
NOVATIO
2

So strahlen Sieger: Klaffenböck/Hänni standen in England zuoberst auf dem Podest. Steinhausen/Parzer erkämpften sich bravourös den dritten Rang.

Aufholjäger: Klaus Klaffenböck und Adolf Hänni verkürzten mit ihrem Sieg in Brands Hatch den Rückstand in der Tabelle auf Weltcup-Leader Webster.

Vorentscheidungen

Ein überlegener Doppelsieg bescherte Colin Edwards in Oschersleben voraussichtlich den Superbike-Titel, und die Alpha-Technik-Truppe verspielte beim Heimrennen mit hoher Wahrscheinlichkeit die Supersport-WM

Auf und davon: Gleich zweimal enteilte Colin Edwards (2) in Oschersleben der Konkurrenz und brachte vorbehaltlich der Entscheidung um Haga's Doping-Fall den WM-Titel für Honda vorzeitig unter Dach und Fach.

Wie nahe Euphorie und tiefe Betrübnis im Sport beieinander liegen, zeigten die Rennen in Assen und Oschersleben wieder einmal hautnah. In der Supersport-WM lange Zeit auf Titelkurs, büßte Jörg Teuchert in Assen den frisch eroberten dritten Podestplatz wenig später mit einer Disqualifikation ein, und genau eine Woche später schoss gar sein Teamkollege ihn und auch sich selbst ins sportliche Off.

Während in der Supersport-Abteilung des Alpha-Technik-Teams nach dem Rennen in Oschersleben tiefe De-

Rasierte sauber die Konkurrenz: Markus Barth bot in Oschersleben eine überaus clevere Vorstellung und sammelte Punkte.

pression herrschte, war die Stimmung bei den Superbikern etwas besser.

Während Markus Barth in Assen verletzungsbedingt pausieren musste, riss dort Jürgen Ölschläger die Kohlen aus dem Feuer. Auf feuchter Strecke raste er auf Platz neun, im trockenen zweiten Lauf auf Rang zwölf und holte damit das beste Saisonergebnis für sein Team. In Oschersleben war es hingegen Markus Barth, der sich und seine Mannschaft ins Rampenlicht rückte. Dank einer taktischen Meisterleistung im Training, als er sich mit den weichen Qualifikationsreifen bei Noriyuki Haga ins Schlepptau setzen konnte, schlüpfte er als Zwölfter in die Superpole, holte Startplatz 14 und konnte die beiden Rennen schließlich mit Punkten als 15. und 13. beenden.

Teamkollege Ölschläger hatte indes Pech. Ausgangs der zweiten Kurve nach Start und Ziel kam es in der ersten Runde von Umlauf eins zu einem Crash zwischen Doriano Romboni, der seine Ducati aus Geldmangel an Stelle von Haruchika Aoki nun wieder selbst bewegen muss, und Ducatisto Juan Borja. Beide kollidierten, und die wild umherschlitternden Motorräder behinderten einige Fahrer – so auch Ölschläger, der das Rennen als Letzter aufnehmen musste, außerdem noch mit Lucio Pedercini kollidierte und schließlich aufgab. Im zweiten Durchgang reichte es für Ölschläger immerhin zu Rang 19.

Wenig Glück hatte auch Troy Corser. Während Colin Edwards im ersten Lauf von Oschersleben zusammen mit Pierfrancesco Chili vorneweg fuhr, leuchtete in seinem Cockpit ab der zweiten Runde die Warnleuchte für die Wassertemperatur auf. Corser ließ sich davon nicht beeindrucken, musste wegen nachlassender Motorleistung am

Yamaha-Fahrer unter sich: Markus Barth li.) bedankt sich nach dem Training bei Noriyuki Haga. Der Japaner hatte ihn auf seiner schnellen Runde »gezogen«.

Ende aber mit Platz sieben Vorlieb nehmen. Der Grund für die Motorüberhitzung war nach dem Rennen denn auch schnell geklärt. Borja hatte Corser in Runde eins bei dem spektakulären Crash gerammt und dabei den Kühler derart nach hinten weggedrückt, dass der Wasserschlauch abgeknickt wurde und so keine Zirkulation mehr stattfinden konnte.

Im zweiten Lauf von Oschersleben startete Corser dann mit der Ersatzmaschine, deren Motor aber sofort verendete. Mit den Platzierungen vier und sieben in Assen und dem Ausfall hier platzten denn auch die Titelträume des Australiers.

Eine minimale Chance, dem zweifachen Sieger Colin Edwards die Superbike-Krone doch noch zu entreißen, behält dagegen Noriyuki Haga. Mit einer glanzvollen Vorstellung in Assen, wo er einen Lauf gewann und das andere Mal auf Platz drei einlief, wahrte er zunächst alle Chancen. In Oschersleben jedoch kam er nur auf Rang neun und fünf und liegt vor dem Finale in Brands Hatch am 15. Oktober rein rechnerisch uneinholbare 52 Punkte hinter Edwards. Sollten dem Japaner die auf Grund der Doping-Vorwürfe aberkannten 45 Punkte vom Saisonauftakt in Kyalami jedoch wieder zuerkannt werden, wäre für Brands Hatch ein extrem heißer Fight um den WM-Titel angesagt. Einen entgültigen Entscheid will die FIM aber erst wenige Tage vor dem Finale in England bekannt geben.

Rechnerisch alle Titelchancen verspielte neben Corser aber auch Pierfrancesco Chili. In Assen in beiden Läu-

Kapital-Zerbrechen: Im Hintergrund ist gut zu erkennen, wie Borja's Maschine in Oschersleben Romboni torpediert.

ARROW
ARROW

Aufgemerkt: Mit den Rängen neun und zwölf zeigte Jürgen Ölschläger im niederländischen Assen sein wahres Potenzial.

fen gestürzt und ohne Punkte, hetzte der gebürtige Bologneser Edwards im ersten Durchgang von Oschersleben zwar wie besessen hinterher, doch gegen Ende ließen seine Reifen nach, und so musste er sich mit Rang sechs zufrieden geben, den er im zweiten Umlauf schließlich bestätigte.

Glücklich liefen die Dinge sowohl in Assen als auch in Oschersleben für Ducati. Juan Borja brillierte in Holland mit den Plätzen zwei und drei, wohingegen Troy Bayliss dort zweimal zu Boden ging und erst in Oschersleben mit Platz drei und zwei wieder zur gewohnten Form fand.

Langsam aber stetig kommt auch Kawasaki-Mann Gergorio Lavilla nach seiner schweren Hüftverletzung wieder in Fahrt. In Assen stürzte der Spanier zwar einmal und gab im zweiten Durchgang mit technischen Problemen auf, doch in Oschersleben platzte der Knoten. Platz zwei im ersten und Rang vier im zweiten Durchgang erhellten die Kawasaki-Minen zusehends, nachdem im Supersport-Rennen Iain MacPherson und Andrew Pitt jeweils durch Sturz ausschieden. Lavilla zwei Tage später auf der INTERMOT in München: »Ich wusste immer, dass ich es kann, aber die Verletzungen sind langwierig und es ging langsam bergauf. Ich würde gerne im nächsten Jahr in diesem Team fahren.« Ein Wunsch, den Teamchef Harald Eckl unterstützt. Er sagt: »Gregorio hat soviel Pech in diesem Jahr gehabt, er konnte überhaupt nicht zeigen, was in ihm steckt. Ich würde gerne mit dieser Teamkonstellation weiter arbeiten.« Allerdings äußerte der japanische Testfahrer Hitoyasu Izutsu den Wunsch, Lavilla zu ersetzen. Ein nicht unberechtigtes Ansinnen, denn immerhin siegte der Japaner bei der WM-Runde in Sugo beide Male deutlich.

Überhaupt begann sich das Fahrerkarussell zu drehen. So wird Alstare

Corona Suzuki etwa den erfolglosen Katsuaki Fujiwara durch Supersportler Stéphane Chambon ersetzen. Bei Castrol Honda zeichnet sich indes ab, dass Colin Edwards offenbar seinen Titel verteidigen und nicht wie ursprünglich gemutmaßt in die 500er-WM abwandern will. Ob allerdings Aaron Slight sein Teamkollege bleiben wird, ist offen. Möglich ist auch, dass ein 500er-Grand Prix-Pilot seinen Job übernehmen wird. Der Name Tadayuki Okada wird öfters genannt.

Fraglich auch, wie es im Gerin World Superbike Team weitergehen wird. Teamchef Wolfgang Pernter: »Ich hätte nichts dagegen, in dieser Konstellation weiterzumachen, aber einige Dinge müssen wir ändern.« Mit der Punkteausbeute von Assen und Oschersleben ist die Gerin-Truppe angesichts der Umstände zufrieden. In Holland entwickelte Andy Meklau im ersten, nassen Lauf keinerlei Gefühl für die Reifen und gab auf. Doch in Umlauf zwei zeigte er mit Platz neun wieder

Nicht von Pappe: Pierfrancesco Chili (7), Noriyuki Haga (41) und Gregorio Lavilla (2) im Kampf um Rang vier im zweiten Lauf von Oschersleben. Lavilla gewann ihn schließlich.

Der Schlüsselbeinbruch Jörg Teucherts von Brands Hatch war vergessen, Physiotherapeut Fritz Heuser hatte gute medizinische und moralische Aufbauarbeit geleistet. Ducati-Pilot Paolo Casoli lag mit sechs Punkten auf Teuchert sowie 13 Punkten auf Christian Kellner noch in erreichbarer Distanz.

Im Training in Assen hatte Teuchert eine Yamaha verschrottet, mit einer schmerzhaften Zehenprellung, aber ungebrochenem Kampfgeist sich im Rennen bravourös auf den dritten Platz nach vorn gekämpft und war mit hauchdünnem Rückstand auf Stéphane Chambon eingelaufen. Ruben Xaus hatte zwar seinen ersten Saisonsieg eingefahren, aber wichtiger war die Distanz zu Casoli. Und da bedankte sich Teuchert bei Christer Lindholm auf der DeeCee-Yamaha, der ihm mit Platz vier den Italiener vom Leib gehalten und damit wertvolle Punkte gesichert hatte.

Teamkollege Christian Kellner saß derweil leicht geknickt im Renntransporter und berichtete: »In der ersten Kurve bin ich mit Muggeridge zusammengerempelt. Ich kann ihm einen Vorwurf nicht ersparen, denn ich war innen auf meiner Spur, er kam mir von außen immer näher. Und dann war irgendwann Mal die Straße zu Ende. Aber was soll´s, es war halt ein typischer Rennunfall.« Die für Teuchert so wichtige Punktegutschrift auf Casoli war eine Stunde nach dem Rennen null und nichtig. Der dritte Platz wurde annuliert, Teuchert disqualifiziert. Grund: Die Yamaha wollte nach der halben Stunde Wartezeit im Parc Fermé nicht mehr per E-Starter anspringen, da die Mitnehmer-Elemente des Anlasser-Freilaufs keinen Kraftschluss mehr herstellten. Ein Problem, das auch andere Yamaha-Piloten traf. Das Reglement wurde diskutiert und FIM-Techniker Steve Whitelock gab Folgendes zu Protokoll: »Es ist eine seriennahe Klasse, und deshalb muss auch der Anlasser nach dem Rennen funktionieren. Wir werden das aber im Kreis der FIM-Techniker noch eingehend besprechen.« Von der Wahrung der Seriennähe abgesehen, macht die Regel zwar kaum Sinn, doch ob die FIM diesen Passus für 2001 tatsächlich ändern wird, ist eher fraglich.

Ohne dezidierte Stallregie, aber logischerweise im Sinne des Mannschaftserfolgs gab es für Udo Marks Schützlinge in Oschersleben folgende Maßgabe: Jeder fährt sein eigenes Rennen, hilft, so es geht, dem anderen und bleibt außerhalb der Gefährdungszone des Teampartners. Das hat auch wunderbar funktioniert. Aus der Startkollision, in die neben Kawasaki-Mann Iain MacPherson eine Hand voll Fahrer verwickelt war, konnten sich die beiden wunderbar heraushalten, sich Zug um Zug an Karl Muggeridge, Fabien Foret, Ruben Xaus und schließlich am noch amtierenden Weltmeister Stéphane Chambon vorbeiarbeiten. Der kleine Südfranzose hatte in Assen noch über eine üble Vergaserabstimmung geklagt und gemeint: »Die Suzuki ist jetzt vier Jahre alt, und die anderen haben deutlich aufgeholt. Was soll ich machen?«

Davon war in Oschersleben aber nicht viel zu merken. Wie eine Klette hing sich Chambon an den Alpha-Technik-Eilzug, teilweise lagen die drei nur eine halbe Sekunde auseinander. Womöglich nicht zuletzt deshalb, weil Chambon die Brems-Utensilien am Vorderrad richtig ausgewählt hatte. Die Bremsscheiben nennen sich »Triangle-Discs«, es gibt sie in unterschiedlichen Formen und Massen, und sie reduzieren die Kreiselkräfte des Vorderrades, was sich Handlingfördernd auswirkt.

Drei Runden vor Schluss gab sich der Franzose aber doch geschlagen. Später sagte er: »Die Jungs haben mich fertig gemacht. Die haben ein Wahnsinns-Tempo vorgelegt. Und ich wollte mich nicht zwischen die beiden klemmen, denn das hätte unter Umständen leicht schiefgehen können. Also habe ich mich schließlich für Platz drei entschieden und dachte mir: Wer weiß, vielleicht passiert ja noch etwas.«

Als der Krimi ins Finale ging, sah die Sache so aus: Kellner vorn, Teuchert auf Tuchfühlung unmittelbar dahinter. Damit wäre Teuchert zwei Punkte in der Wertung vor Kellner vor dem letzten Lauf in Brands Hatch. Vier Kurven vor Schluss setzte sich Teuchert an die Spitze, Kellner konterte innen, zwei Kurven oder 500 Meter vor dem Ziel – mit fatalen Folgen. Sein Vorderrad rutschte weg, traf Teucherts Yamaha, beide lagen im Kies. Chambon bedankte sich für die geschenkten Punkte mit einem riesigen Wheelie und ist jetzt der brandheiße Favorit für den Titel.

In der Alpha-Technik-Box saßen zwei Häufchen Elend. Teuchert schluchzte hemmungslos, Kellner heulte still vor sich hin. Irgendwann setzte Teamchef Udo Mark die Sonnenbrille auf, zog die Mütze tief in die Stirn und verschwand wortlos mit seinem Roller.

Tage später hatte sich Teuchert wieder einigermaßen gefasst: »Sehen wir es mal so: Solange es nicht mehr als 25 Punkte Rückstand sind, besteht noch eine winzige Chance. Und die werden wir nutzen!«

eine saubere Vorstellung. Teamkollege Ulm, von einer Entzündung in den Schultern geplagt, die sich vor allem über eine gesamte Renndistanz hinderlich auswirkt, kam mit Platz zwölf und zehn ebenfalls gut weg.

Da schau her: Robert Ulm agierte in Oschersleben sozusagen völlig schmerzfrei. Dank zwölf Spritzen in jedem Arm.

In Oschersleben erkämpfte Andy Meklau mit einer blutenden Wunde am Finger die Plätze 16 und zwölf, Robert Ulm dagegen schaffte etwas für ihn Unglaubliches. »Die Schulter-Entzündung lässt die Arme mit der Zeit taub werden. Also gab mir der Rennarzt einige Spritzen. Zwölf in den linken und zwölf in den rechten Arm. Ich konnte es kaum glauben, wie gut es ging«, freute sich der Steirer über die Ränge 13 und zehn.

Last but not least noch ein wenig Salz in die Suppe für's Finale in Brands Hatch. Steve Hislop, Pilot beim englischen Virgin-Yamaha-Team, ist nach seinem Abflug in Brands Hatch Anfang August immer noch nicht fit. Ihn ersetzt ab sofort Anthony Gobert, der bis vor wenigen Monaten noch in Bimota-Diensten stand. Auf die Teilnahme an den für den 16. und 17. September angesetzten Läufen zur Britischen Superbike-Meisterschaft hätte er wie seine Kollegen allerdings fast verzichten müssen. Der Renn-Event in Mallory Park wurde aufgrund der aktuellen Ereignisse in Großbritan-

Da war die Welt noch in Ordnung: Christian Kellner (6) vor Jörg Teuchert (4) und Stéphane Chambon (1). Weit weg von der Gefahr, die Whitham (69) heißt und von hinten kommt.

nien rund um die drastisch gestiegenen Benzinpreise zunächst kurzfristig abgesagt, fand dann aber doch noch statt. »Es gibt nämlich kein Benzin«, wie uns Kollege Richard Fairbairn vom Fachblatt Motorcycle News bei einem Treffen am 13. September 2000 auf der Intermot in München berichtete.

Genügend Sprit gab's an diesem darauffolgenden Wochenende dafür für Carl Fogarty. Endlich testete der vierfache Superbike-Champion für Ducati, und zwar in Mugello. Damit lag die Entscheidung, ob »Foggy« noch ein Jährchen dranhängt, in der Luft. Zum Leidwesen der Ducati-Mannschaft, zu dem der Fans und ganz sicher auch zu dem von Fogarty selbst, sah das Resümee nach diesem Test nicht gut aus. Nach wie vor bereitet die Schulter Probleme, und so verwunderte es niemanden mehr, dass Foggy wenige Tage danach seinen Rücktritt erklärte.

Kolumne Jörg Teuchert

Warum nur ich? In einer Sekunde ist kaputt gegangen, wofür das Team das ganze Jahr geschuftet hat. Ich weiß gar nicht, was ich im Moment sagen soll. Ich bin einfach tief enttäuscht, frustriert, geschockt. 1991 hätte ich Enduro-Weltmeister werden können, da habe ich mir kurz vor Saisonende das Schlüsselbein gebrochen. Okay, das war meine Schuld. Aber jetzt? Mir fehlen die Worte.

Wir hatten uns so konzentriert auf dieses Rennen vorbereitet. Physiotherapeut Fritz Heuser aus Frankfurt hat mir riesig geholfen, die Verletzung von Brands Hatch auszukurieren und auch die Sturzfolgen aus dem Training von Assen. Jetzt stehe ich da und habe nichts in den Händen.

Im Rennen lief doch alles phantastisch. Die Startplätze fünf und sechs waren uns eigentlich egal, denn wir wussten, dass wir schneller sind. Als dann Casoli stürzte und Chambon kurz vor Schluss die Verfolgung einstellte, war im Prinzip alles klar. Meine Attacke auf Kelle in der letzten Runde fand ich fair, wir waren außerhalb jeder Gefährdung. Jetzt haben wir beide die Bescherung und können für Brands Hatch nur noch auf ein kleines Wunder hoffen.

Superstock-EM

Nach seinem dritten Rang in Assen trug Markus Wegscheider Pokal und Blumenstrauß ins Teamzelt: »Jetzt bin ich mit James Ellison punktgleich.« Mit je 84 Zählern waren die beiden nach Oschersleben gereist. Im Training aber hatte Wegscheider einen üblen Abflug: Schmerzen rundum, Platz sieben im Rennen hinter Katja Poensgen. Die kommentierte: »Ich bin gefahren wie eine alte Frau.« Dabei hatte sie doch zuvor in Assen Platz vier belegt.

Dafür strahlte ein anderer Deutscher: Benny Jerzenbeck auf der Steinhausen-Suzuki revanchierte sich mit einem blitzsauberen dritten Platz für die Schmach von Assen. Dort hatte sich die Visierarretierung gelöst. Die Meisterschaft ist fast entschieden: Ellison siegte und liegt nun 17 Punkte vor Wegscheider. Der meinte dazu nur: »In Brands Hatch heißt das für mich Pokal oder Spital.«

Seitenwagen-Weltcup

In Assen war das Duo Webster/ Woodhead auf dem Weg zu einem überlegenen Sieg, als Öl aus dem Motor auf die Beifahrer-Plattform spritzte und Webster seinen Co-Piloten in hohem Bogen auf der Zielgeraden ablud. Da gewannen Jörg Steinhausen und Christian Parzer. Bei einer nach dem Rennen fast handgreiflich geführten Diskussion mit dem Zweiten Klaus Klaffenböck über die Berührung in der letzten Runde, bei der der Österreicher zunächst die Radabdeckung und dann den Sieg eingebüßt hatte, meinte Steinhausen: »Das hat der Klaffi mit uns auch schon gemacht. Hart, aber fair.«

In Oschersleben revanchierte sich Klaffenböck mit einem Sieg vor Webster und Steinhausen. So reist Webster mit 17 Punkten Vorsprung vor dem Österreicher nach Brands Hatch. »Eine lösbare Aufgabe«, wie der Ex-Weltmeister meinte.

Letzte Instruktionen: Teamchef Udo Mark (re.) beim Briefing mit Jörg Teuchert (li.).

Nummer zwei in Holland: Die Rede ist vom zweiten Sieg für Jörg Steinhausen und seinen Beifahrer Christian Parzer im niederländischen Assen.

Starker Auftritt: Benny Jerzenbeck kämpfte in Oschersleben wie ein Löwe und wurde mit Rang drei belohnt.

Titelchancen gewahrt: Klaus Klaffenböck und Adolf Hänni (2) gewannen das Rennen in Oschersleben und brachten sich damit bis auf 13 Punkte an Webster/Woodhead heran. Für Spannung beim Finale war also gesorgt.

Finale Fatale

Die letzte Superbike-WM-Runde im englischen Brands Hatch hatte es in sich. Sie ging ohne Chef-Drifter Noriyuki Haga über die Bühne, der sich einer fragwürdigen Entscheidung beugen musste, und Jörg Teuchert wurde doch noch Supersport-Weltmeister

Spannender als jeder Krimi: das Supersport-WM-Finale von Brands Hatch ging als eines der ganz großen Rennen in die Geschichte ein.

Wunder gibt es immer wieder, trällert es in einem angejahrten Schlager, und dass dem so ist, bewies das WM-Finale in Brands Hatch. Im Supersport-Rennnen strauchelte Stéphane Chambon mit technischem Defekt, Paolo Casoli konnte die zunächst eroberte Führung wegen nachlassender Reifen nicht halten, und schließlich machte Christian Kellner das Fiasko von Oschersleben wieder mehr als gut, indem er Jörg Teuchert mit einer kämpferischen Aufholarbeit den zweiten Platz servierte. So etwas nennt sich auch ausgleichende Gerechtigkeit, und dies dürfte vor allem Yamaha an diesem Wochenende so sehen.

Nichts für schwache Nerven: Teamchef Udo Mark und seine Truppe zitterten bis zuletzt um den Ausgang des Rennens. Am Ende wurde Teuchert Zweiter und damit Weltmeister.

Denn die letzte WM-Runde begann für den japanischen Hersteller mit einem Desaster.

Wie angekündigt, präsentierte die FIM in einem Pressekommuniqué am Donnerstag, den 12. Oktober die Entscheidung des Internationalen Sport-Gerichtshofes CAS (Court of Arbitration for Sport) im Doping-Fall Noriyuki Haga. Der Japaner hatte bis zuletzt zumindest rechnerische Chancen auf den WM-Titel, für den Fall, dass er die 45 WM-Punkte von der ersten WM-Runde im südafrikanischen Kyalami zurückbekäme. In der nun getroffenen Entscheidung, gegen die kein Einspruch mehr möglich ist, erkannte der CAS Haga nun aber lediglich die Punkte aus dem zweiten Lauf von Kyalami ab, die Zähler des ersten Durchgangs durfte er behalten. Zugleich verhängte der CAS für Haga eine dreiwöchige Sperre, die mit sofortiger Wirkung in Kraft trat, jedoch um sieben Tage reduziert wurde, die Haga bereits für die Zeit Anfang Juli angerechnet wurden. Was verwirrend klingt, hatte ein erschütternd simples Ergebnis: Colin Edwards war und ist damit endgültig Superbike-Weltmeister, und das Yamaha-Werksteam reiste vergebens an. So packte die frustrierte

Endlich: Nach zahlreichen Höhen und Tiefen in dieser Saison konnte Jörg Teuchert am Ende die WM-Trophäe in Empfang nehmen.

Da kam Freude auf: Christian Kellner leistete als »Wasserträger« ganze Arbeit. Und wurde dafür von Jörgs Vater Arnulf gleich mit WM-Lorbeer geschmückt.

Truppe denn auch am Freitagmorgen wieder zusammen, und jeder im Fahrerlager fragte sich: Hätte der CAS diese Entscheidung nicht wenigstens zwei, drei Tage früher fällen und bekannt geben können? Das hätte dem Yamaha-Team zumindest Anreise, Vorbereitungen und Kosten erspart. Die schlimme Konsequenz dieses, sich über die gesamte Saison hinziehenden Prozederes, war am Ende, dass sich Yamaha nun werksseitig aus der Superbike-WM zurückzieht und Haga in die 500er-WM schickt. Teamchef Davide Brivio zuvor enttäuscht: »Wir müssen nun das nächste Meeting mit den Verantwortlichen in Japan abwarten. Es ist alles möglich. Auch ein Rückzug. Ich weiß nicht, was werden wird. Wir jedenfalls wollten um den WM-Titel kämpfen.« Vor diesem Hintergrund ist der unerwartete WM-Gewinn von Jörg Teuchert sicher Balsam für Yamaha's Rennsportabteilung.

Wie gewohnt in Brands Hatch: Die zahlreichen Zuschauer, diesmal 75 000, freuten sich über ihre heldenhaften englischen Wildcard-Piloten. Hier liegt Neil Hodgson gerade in Front.

Gelb-Fieber: Troy Corser startete in Brands Hatch mit einer in gelb lackierten Aprilia RSV Mille.

Von der unsäglichen Doping-Soap um Haga einmal abgesehen, gestaltete sich das an Stelle des italienischen Imola als Austragungsort organisierte Superbike-WM-Finale in Brands Hatch aber durchaus erfreulich. Entgegen üblen Befürchtungen bot wenigstens der Freitag nicht Güsse aus Kübeln, sondern Sonnenschein und angenehme Temperaturen. Erst am Samstag öffnete der Himmel seine Schleusen und sorgte bei den Superbikes für eine unter Regenbedingungen ausgefahrene Superpole-Sitzung, die zwölf Runden für jeden Fahrer vorsah.

Unter den widrigen Bedingungen bei Außentemperaturen um 13 Grad war es schließlich Neil Hodgson, der seine GSE-Ducati auf Startplatz eins stellte. Mit John Reynolds stand ein weiterer englischer Wildcard-Pilot auf Ducati direkt neben ihm in Startreihe eins, und der frischgebackene Weltmeister Colin Edwards zeigte mit seiner Honda auf Platz drei, dass er keinesfalls gewillt war, die beiden letzten WM-Läufe in diesem Jahr kampflos preiszugeben. Edwards, der mit sechs Pole Positions in diesem Jahr auch in den Qualifyings der erfolgreichste Fahrer war, durfte dafür bei der Superpole-Pressekonferenz den mit 10.000 Mark dotierten »PS-Superpole-Award« von PS-Sportchef Jürgen Gaßebner in Empfang nehmen.

Am Rennsonntag war es schließlich Wildcard-Pilot John Reynolds, der mit seiner Red Bull-Ducati das Geschehen diktierte. Von Beginn an in Front, fuhr er einen Start-Ziel-Sieg mit hauchdünnem Vorsprung vor der Werks-Konkurrenz mit Troy Bayliss ein. Auf Platz Num-

Wüster Gobi: Anthony Gobert brillierte im Nassen, musste auf der Virgin-Yamaha aber auch zu Boden.

Supersport-WM: Das Wunder von Brands

Geschah ein Wunder, und Jörg Teuchert wurde doch noch Supersport-Weltmeister? Das Hoffen schien vergebens, zu gering waren die nach dem Fiasko von Oschersleben verbliebenen Chancen. Bereits im Training zeichnete sich mit Startplatz drei für Suzuki-Pilot Stéphane Chambon sowie Trainingsrang vier für Ducatisto Paolo Casoli ab, dass der Titelentscheid wohl zwischen diesen beiden Piloten fallen würde. Teuchert vermochte das Training lediglich auf Rang zehn zu beenden, sein Teamkollege Christian Kellner schaffte immerhin Rang acht. Eher schlechte Aussichten also für einen Titel-Entspurt.

Im Rennen jedoch überstürzten sich die Ereignisse. Chambon kam als Bester vom Start weg, eine Runde später lag Casoli in Front, doch Chambon hätte ja ohnehin ein achter Rang zum Titel gereicht. Soweit nichts aufregendes. Bis Chambon in der achten Runde ausrollte. »Ein Defekt an der Maschine«, wie es von Seiten Alstare anschließend zugeknöpft hieß.

Zu diesem Zeitpunkt lagen Kellner und Teuchert auf den Rängen sechs und sieben – und Casoli lag noch immer in Front. Damit war der Italiener Weltmeister. Vorerst. Doch dann fiel er zurück auf Rang fünf, und sein Teamkollege Ruben Xaus fuhr gemäß Stallorder tatenlos hinter ihm her. Die Zeit war reif für Kellner und Teuchert, zuzuschlagen.

Karl Muggeridge machte schließlich die Pace, und Jamie Whitham, in der letzten Runde noch auf Rang drei gelegen, tauschte seinen Platz mit Teuchert, den sein an Position zwei kämpfender Teamgefährte Kellner schließlich mit Handzeichen passieren ließ. Zieleinlauf, Teuchert ist Zweiter, Teamchef Udo Mark starrt ungläubig in die Landschaft. »Was ist?« – »Wir sind Weltmeister«, schallt es ihm nach zehn Sekunden Rechenpause entgegen. Teuchert ist tatsächlich Weltmeister, kann es sogar auf dem Podium noch nicht fassen, bricht in Tränen aus. Alles ist jetzt zuviel. Teuchert schaffte, was zuletzt Dirk Raudies 1993 als Deutschem gelang – er ist Motorradweltmeister. Teamchef Mark: »So wenig wie ich das in Oschersleben glauben konnte, kann ich das heutige begreifen. Es ist völlig unfassbar.«

Doch nicht nur Jörg Teuchert und Christian Kellner haben sich angestrengt – die Konkurrenten auch. Wie bereits im vergangenen Jahr lobte PS deshalb für die drei besten permanenten Neueinsteiger in die Supersport-Weltmeisterschaft ein Preisgeld aus. 5000 Mark bekam Brands Hatch-Sieger Karl Muggeridge, 3000 gingen an Jamie Whitham, und 2000 nahm Andrew Pitt von PS-Sportchef Jürgen Gaßebner entgegen.

Braver Abschluss: Katja Poensgen startete von Position 17 aus und wurde noch Elfte. »Das Rennen hätte noch 20 Runden dauern sollen«, meinte sie danach.

mer drei landete mit Suzuki-Mann Chris Walker ebenfalls ein Wildcard-Pilot, vor Neil Hodgson auf Platz vier. Hodgson fuhr 25 Minuten lang um den Sieg mit, bis er ausgangs einer Linkskurve ins Grün musste, als ihn Anthony Gobert zu passieren versuchte.

Gobert startete als Ersatz für den seit dem letzten Rennen in Brands Hatch im August immer noch verletzten Steve Hislop für das Team von Virgin Yamaha. Schon am Morgen im nassen

Neues aus dem Fahrerlager

Das Fahrerkarrussell dreht sich, manche springen auf, manche ab. Zum Beispiel Neil Hodgson. In der Vergangenheit bereits mit Ducati und Kawasaki in der Superbike-WM, bekommt der Engländer nun eine dritte Chance und darf 2001 mit seinem GSE-Ducati-Team um WM-Lorbeer kämpfen. Mit Chris Walker ist ein weiterer englischer Pilot im Gespräch, der mit seinem britischen Suzuki-Team 2001 die Superbike-WM bereichern könnte.

Keine Änderungen dagegen im Kawasaki-Team von Harald Eckl. Akira Yanagawa und Gregorio Lavilla fahren ebenso weiter in grün, wie die beiden Supersport-Piloten Iain MacPherson und Andrew Pitt. Möglicherweise wird Eckl aber eine drittes Werks-Superbike auf die Räder stellen, das dann von Markus Barth pilotiert werden könnte. Eckl: »Wir haben darüber gesprochen, allerdings kann ich wenig tun, wenn die Japaner Itzutsu unbedingt als Fahrer haben wollen.«

Rätselraten hingegen bei Ducati. Wer ersetzt Carl Fogarty, der nach den Testfahrten in Mugello zurücktrat, in Brands Hatch noch eine Pressekonferenz abhielt und von Promoter Paolo Flammini mit einem Preis für sein Lebenswerk geehrt wurde. »Die Chance, dass wir neben Troy Bayliss auch Ruben Xaus im 2001 auf dem Superbike sehen werden, ist hoch«, gab Ducati-Teamchef Davide Tardozzi zu Protokoll, der eine Entscheidung für die Woche nach Brands Hatch ankündigte. Allerdings ist auch Jürgen v.d. Goorberg als zweiter Mann im Gespräch.

Alles offen war bei Redaktionsschluss auch im Lager des Gerin-World-Superbike-Teams mit Andreas Meklau und Robert Ulm. »Von der 500er-WM bis zum Rücktritt ist alles drin«, erklärte Ulm.

Unklar auch die Situation bei Honda. Colin Edwards wird seinen Titel zwar verteidigen, jedoch ohne Aaron Slight als Teamkollegen. Möglicherweise ersetzt ihn 500er-Pilot Tadayuki Okada, und Slight könnte ins GSE-Team von Neil Hodgson oder vielleicht gar in die Ducati-Werks-Mannschaft wechseln.

Seitenwagen-Weltcup

Wie in Brands Hatch durchsickerte, werden Steve Webster und sein Beifahrer Paul Woodhead im kommenden Jahr nicht mehr im Team von Rolf Steinhausen fahren. »Er sagte mir, dass er eine Option für das nächste Jahr habe«, erklärte Jörg Steinhausen, der zusammen mit seinem Copiloten Christian Parzer damit 2001 die Nummer Eins im Team sein wird. Webster/Woodhead werden, und das wird die deutschen Fans freuen, von einem deutschen Duo ersetzt. Thomas Hämmerling und Andreas Kolloch, in diesem Jahr mit einem Yamaha R1-Gespann in der DM unterwegs, werden die Nachfolger des in Brands Hatch neuerlich zum Weltcup-Sieger gekürten Gespanns Webster/Woodhead.

Das Rennen, das zunächst von Klaffenböck vor Steinhausen und Webster angeführt wurde, musste in Runde acht abgebrochen werden. Das britische Gespann Founds/Founds hatte sich überschlagen. Den zweiten Durchgang entschied ebenfalls Klaffenböck für sich und gewann vor Webster sowie Abbott/Biggs. Steinhausen/Parzer wurden Vierte, und ihre Teamgefährten Webster/Woodhead sicherten sich mit dem zweiten Platz abermals den Titel des Seitenwagen-Weltcup-Siegers.

Warm-Up hatte Gobert die schnellste Zeit markiert und seine Ambitionen zumindest für den Fall eines feuchten Fahrbahnbelages angemeldet. Sein etwas zu starker Vorwärtsdrang zwang ihn auf dem schlüpfrigen Untergrund aber zu Boden.

Während die allermeisten Konkurrenten mit schräg profilierten Regenreifen starteten, setzten einige wenige auch auf Intermediates. Für Edwards, nach dem Start weit zurück, sollte sich dies auszahlen. Bis drei Runden vor Schluss arbeitete sich der Weltmeister bis auf Platz vier vor, als auch ihn dieselbe Kurve wie schon Gobert zu einem Ausritt zwang. Edwards nahm das Rennen aber wieder auf und wurde immerhin noch Achter. Markus Barth, zwischendurch auf Platz zwölf notiert, erntete mit Rang 15 noch einen WM-Punkt, wohingegen die beiden Österreicher Andy Meklau und Robert Ulm leer ausgingen. Sie landeten auf Platz 22 und 23. Meklau: »Mir fehlt im Feuchten jegliches Vertrauen.«

Im zweiten, trockenen Durchgang siegte schließlich Edwards vor Chili und Corser, der erstmals mit einer ganz in gelb lackierten Aprilia antrat. Danach ging es zur verdienten WM-Abschlussparty, wo Teuchert, Kellner & Co. das »Wunder von Brands« feierten. Darüber, und wie unsere beiden Supersport-Helden so ganz privat drauf sind, lesen Sie ausführlich im Hintergrundbericht unserer beiden Supersport-Helden.

Im nächsten Jahr die Nummer eins: Jörg Steinhausen und Christian Parzer sind 2001 die Top-Piloten im Team. Weltcup-Sieger Steve Webster und sein Co-Pilot Paul Woodhead verlassen die Steinhausen-Mannschaft.

Superstock-EM

Mit einem vierten Platz sicherte sich der Engländer James Ellison auf Honda den Europameister-Titel in der Superstock-Klasse. Das Rennen in Brands Hatch gewann sein Landsmann Gary Mason (Kawasaki) vor zwei weiteren Engländern, nämlich Mark Heckles (Honda) sowie Jamie Morley (Suzuki). Katja Poensgen konnte sich in dem auf regennasser Piste ausgetragenen Lauf auf ihrer Suzuki immerhin von Trainingsrang 17 auf Platz elf vorarbeiten. In der Endabrechnung belegt sie Rang sechs. Die weiteren Platzierungen der deutschen Fahrer: Benny Jerzenbeck (Suzuki) wurde 14. und schloss auf EM-Rang zwölf ab, Benjamin Nabert (Kawasaki) holte mit Platz 15 seinen ersten EM-Punkt und rangiert auf Platz 38 der Tabelle.

Nochmals ganz oben: Klaffenböck/Hänni gewannen den letzten Sidecar-Lauf, Webster/Woodhead (li.) wurden Zweite, Abbott/Biggs Dritte.

Die Stunde der Sieger: Superbike-Weltmeister Colin Edwards, Supersport-Weltmeister Jörg Teuchert und die Gewinner des Seitenwagen-Weltcups Paul Woodhead und Steve Webster (v.li.)

Erfolgreiches Quartett: Seitenwagen-Promoter Bernd Steinhausen (re.) gratuliert Suzuki-Vertriebschef Bert Poensgen zum Weltcup-Gewinn mit Suzuki und Webster/Woodhead.

Besuch beim vierfachen Superbike-Weltmeister Carl Fogarty

Foggy Unplugged

Fernab von Rennstress und Fahrerlager-Hektik besuchte Jürgen Gaßebner »Magic Foggy« ganz privat zuhause in England, um einmal »unverstärkt« und »ungefiltert« mit dem King der Superbike-WM zu plaudern

My home is my castle: Im Foyer seines Hauses hält sich Carl Fogarty die '98er-Renn-Ducati, mit der er seinen dritten Superbike-Titel gewann.

»Ich weiss den Tag noch genau, an dem ich mein erstes Motorrad bekam. Es war an meinem achten Geburtstag. Es hatte einen Honda Monkey-Motor, drei Gänge, Halbautomatik und einen selbstgebauten Rahmen«, sagt der Mann der bei den englischen Motorradfans mittlerweile zu einer Art Nationalheiligtum avancierte. Die Rede ist von »King« Carl Fogarty, dem König der Superbike-Weltmeisterschaft.

Bei ihm drehte sich von kleinauf alles ums Motorradfahren, in der Schule war er eher mäßig. »Ich hasste sie, habe

Erstmals Ducati-Werks-Pilot: Carl 1993 auf der 926, mit der er Vize-Weltmeister hinter Scott Russell wurde. »Ich stürzte in diesem Jahr zu oft«, resümiert er über die 1993er-Saison.

in dieses Schema nie reingepasst, und ich hatte auch überhaupt kein Selbstvertrauen. Ich war sehr scheu und schüchtern, einen Schulabschluss hab' ich nie gemacht. Ein Grund, warum ich bei meinen beiden Töchtern Claudia und Danielle großen Wert auf eine gute Ausbildung lege. Sie besuchen eine Privatschule«, erinnert er sich.

Schließlich kam für ihn alles so, wie es wohl kommen musste. 1981, mit 15, fuhr er auf einer 125er Yamaha sein erstes Motocross-Rennen. »Alle meine Kumpels kamen, und ich strengte mich mächtig an. Auf einer Bodenwelle hab' ich mir dann aber die Zunge durchgebissen und hörte dann lieber auf«, erzählt er von seinem allerersten Renneinsatz.

Beruflich lief's ebenfalls nicht so toll. Carl schlug sich drei Jahre lang als Mechaniker in einer Lastwagen-Werkstatt durch, fragte sich aber jeden Tag: »Was zum Teufel mache ich eigentlich hier?« Der junge Mann aus Blackburn hatte von Kindesbeinen an eine ganz andere Vorstellung vom Leben. »Ich wollte eines Tages 250er Straßen-Weltmeister werden. Nichts anderes«, stellt er mit dem bekannt entschlossenen Blick fest.

1983 gewann er auf einer 600er-Ducati in Aintree sein erstes Rennen, zwei Jahre später startete er schon beim Manx-Grand Prix, und 1986, mit 20, kam er beim britischen 250er Grand Prix mit einer Wildcard auf den elften Platz und holte sogar die britische 250er Meisterschaft. »Es sah damals alles sehr gut aus, bis ich im selben Jahr in Oulton Park diesen schweren Unfall hatte. Ich brach mir das rechte Bein sehr kompliziert. Ein Jahr später hatte ich in Silverstone mit der 250er Honda nochmals einen schweren Sturz, brach mir das Bein erneut und musste dann für den Rest des Jahres pausieren. Das mehrfach gebrochene Bein war zweifellos der Tiefpunkt meiner Karriere, denn es zwang mich, von den 250ern in die TT-F1-Klasse zu wechseln«, erläutert Carl, wie er zu den großvolumigen Viertaktern kam, bei denen er einen beispiellosen Siegeszug feierte.

The King and I: Sowohl als Motorsport-Journalist wie auch als Renn-Fan empfand ich den Besuch bei King Carl als ganz persönliches Highlight.

Läufen In seiner englischen Heimat kann er sich kaum noch frei bewegen, so fanatisch sind seine Fans.

»Auch ein Grund, warum ich zurückgezogen lebe. Es wäre unvorstellbar für mich, in einer Stadt zu wohnen. Alleine die Nachbarn. Mit ihnen hast du meistens eh nur Ärger Ich liebe die Ruhe, meine Familie und meine Freunde«, postuliert Carl, der abends gerne mal mit alten Freunden aus seiner Schulzeit ausgeht. »Am liebsten dann

»1988 und in den beiden darauffolgenden Jahren wurde ich Weltmeister, aber 1990 war mir klar, dass ich wechseln musste, sollte es weiterhin für mich vorangehen. Honda hielt mich lange und bot mir für 1991 eine RC 30 für die Superbike-WM an. Ich war überzeugt, der Beste auf der Welt zu sein und wollte das beweisen. 1992 startete ich schließlich auf einer Ducati 888, und prompt gewann ich damit sogar einen WM-Lauf in Donington. Ich hatte einfach das Gefühl, dass dies das beste Motorrad war. Fix und fertig – ready for racing eben«, berichtet Foggy, wie er seine Superbike-Karriere auf Ducati startete.

Was in sportlicher Hinsicht folgte, ist weithin bekannt. Vier WM-Titel für das bologneser Werk 1994, 1995, 1998 und 1999. Carl und die Ducati – eine Klasse für sich. Von der kurzen Unterbrechung 1996 im Castrol Honda-Team einmal abgesehen. Doch der Erfolg brachte für die Lichtgestalt Foggy auch Schattenseiten mit sich. Bei den WM-

Factfile Carl Fogarty

Name: Carl George Fogarty
geb. am: 1. Juli 1966

Wohnort: Blackburn, Lancashire
Familienstand: verheiratet seit 1991 mit Michaela, zwei Töchter, Claudia und Danielle
Hobbies: Fußball (Lieblingsverein Manchester United), Motocross, Fitnesstraining, Musik (Lieblingsgruppe Oasis)
Lieblings-Rennstrecke: Assen, Holland

Sportliche Erfolge:
1981: Erstes Rennen auf Yamaha 125
1983: Erster Sieg auf Ducati 600 F2 in Aintree
1986: Britischer 250er Meister auf Yamaha
1988-1990: TT-F1-Weltmeister auf Honda
1991: TT-F1-FIM-Cup-Sieger auf Honda
1992: Endurance-Weltmeister auf Kawasaki; Rundenrekord bei der TT auf der Isle of Man mit 123,68 mph
1993: Superbike-Vizeweltmeister auf Ducati
1994: Superbike-Weltmeister auf Ducati
1995: Superbike-Weltmeister auf Ducati
1996: Vierter der Superbike-WM auf Honda
1997: Superbike-Vizeweltmeister auf Ducati
1998: Superbike-Weltmeister auf Ducati
1999: Superbike-Weltmeister auf Ducati
2000: Superbike-WM im Team Ducati Infostrada
Zahl der Superbike-WM-Siege: 59

Superbike-Titel Nummer zwei: Nach 1994 holte Foggy mit der 955 auch 1995 die WM-Krone. Er dominierte in diesem Jahr nach Belieben, gewann 13 von 24 Rennen, meist überlegen.

auf ein Bier in einen Pub. Gar nichts großartiges. Ich denke, die einfachen Dinge sind die besten Dinge, oder nicht?«, stellt er mit gewohnt entschlossenem Blick fest, den Unwissende als distanzierend oder gar als unfreundlich interpretieren. »Ich weiss, dass ich auf dem Rennplatz meist etwas unnahbar bin. Aber ich bin hier, um zu siegen. Und nur darauf konzentriere ich mich«, stellt Foggy klar, und dabei versichern die Augen von King Carl, dass er auch im neuen Superbike-Millenium alles daran setzen wird, seine Krone zu verteidigen.

Dass es letztlich nichts aus der Titelverteidigung werden würde, konnte beim Entstehen dieser Reportage freilich niemand ahnen. Am 13. Dezember 1999, am Tag, als ich Carl Fogarty zuhause besuchen durfte, strahlte er all diese Zuversicht und diesen Kampfgeist aus, den seine Fans und auch alle, die mit ihm zusammenarbeiten dürfen, so schät-

Schnell auch auf vier Rädern: Nach BMW M3 folgte im August 1999 Porsche Nummer zwei. »Ein klasse Wagen«, urteilt der Champion über seinen 996 Carrera mit Aero-Kit.

zen. Im Grunde wurde seine Karriere beim WM-Lauf im australischen Phillip Island jäh zerstört. Dort stürzte er so unglücklich, dass er nicht nur längere Zeit bewusstlos blieb, sondern sich auch einen so schweren Oberarmbruch zuzog, dass eine Rückkehr für ihn auf ein Rennmotorrad nicht mehr denkbar war.

Es spricht für ihn, dass er – nach langer Wartezeit – angesichts eines Ducati-Tests im Oktober 2000 schließlich ganz nüchtern einen Schluss-Strich zog. »Ich muss niemandem mehr etwas beweisen, und es würde nur Sinn machen, in die WM zurückzukehren, wenn ich fähig wäre Rennen zu gewinnen. Stattdessen musste ich bei den Tests in Misano aufpassen, dass ich nicht vom Motorrad falle«, erklärte Carl Fogarty, als ich kurz vor Redaktionsschluss beim Finale in Brands Hatch mit ihm sprach. »Jede Karriere geht zu Ende. Auch meine. Das war mir immer klar. Im Moment sind

Kurzes Intermezzo: Foggy's Ducati-Ära wurde 1996 durch das Jahr mit der Honda RC 45 unterbrochen. Hier ist er auf dem Weg zum Sieg auf seiner Lieblings-Rennstrecke im holländischen Assen.

HONDA
MICHELIN

Tierfreund Foggy: »Ich möchte einen Affen«, sagte der King einmal. 1996 in Hockenheim bekam er vom Autor die Gelegenheit, sich in der Box mit Aushilfsmechanikerin Maja herumzuschlagen. Ein Heidenspaß für alle Beteiligten.

manche Leute in meinem Umfeld darüber bestürzter als ich selbst. Es geht weiter für mich – und Ducati wird dabei eine Rolle spielen«, gab er zuversichtlich einen Ausblick in die Zukunft. Den Superbike-Fans wird Foggy, das scheint sicher, immer in Erinnerung bleiben. Keiner biss so in den Lenker wie er. Er war, wie sein Freund und langjähriger Mechaniker Tony »Slick« Bass immer sagte, ein »fine british bulldog.«

Platz genug und Ruhe auch: Carl Fogarty liebt es großzügig und abgeschieden. »Mit Nachbarn hat man meistens nur Ärger«, stellt er fest.

Ein bitteres Jahr: Die 97er-Werks-Ducati war eine schwer zu beherrschende Diva. Am Ende blieb ihm nur der Vize-Titel.

Nicht zu bremsen: Elfmal fuhr Carl 1999 der Konkurrenz auf und davon. das bedeutete am Ende Superbike-Titel Nummer vier.

Last Minute-Champion

Buchstäblich in letzter Minute wurde Jörg Teuchert – auch Dank der Schützenhilfe seines Teamkollegen Christian Kellner – Supersport-Weltmeister. Autor Jürgen Gaßebner besuchte das Dream-Team abseits der Rennpiste

Da wird geschafft: Jörg Teuchert vor dem elterlichen Geschäft in Hersbruck, wo neben Yamaha-Motorrädern auch Fahrräder verkauft werden.

»Da hab' ich ja was angezettelt. Keine zehn Stunden bin ich jetzt daheim, und das Chaos bricht aus«, stöhnte Jörg Teuchert drei Tage nach dem WM-Finale im englischen Brands Hatch. Sein privates Fax-Gerät zuhause war unter der Last unzähliger Glückwunschschreiben quasi zusammengebrochen, die E-Mail-Verwaltung seines Computers lief heiß, und in seiner Heimatgemeinde Simmelsdorf, unweit von Nürnberg gelegen, pinselten die eingeschworenen Teuchert-Fans Willkommensgrüße auf den Asphalt. »Simmelsdorf grüßt seinen Weltmeister«, las er da, als er in der Nacht zuvor nach einem Abstecher in die Yamaha-Renn-Zentrale in Löhne ziemlich erschöpft aber glücklich von Brands Hatch nach Hause kam. »Gleich kommt der Bürgermeister. Er hat irgendetwas

Kundschaft, bitte: Sodann es der Renn-Kalender erlaubt, steht Jörg Teuchert schon mal selbst mit Vater und Mutter hinter der Verkaufstheke.

vor. Und ein Sponsor hat angerufen. Er will ein Fest für mich machen. Aber das ginge ja alles noch. Doch ich Hirsch hab' zu unseren Fahrradvertretern gesagt: Kommt am besten nach dem Finale zu mir, dann hab' ich Zeit. Hätt' ich doch nie geglaubt, dass ich noch Weltmeister werde«, erzählt der frischgebackene Champion an diesem Morgen in unserem Telefonat. Im elterlichen Zweiradfachgeschäft in Hersbruck, das Vater Arnulf und Mutter Anita betreiben, werden neben Yamaha-Motorrädern auch Fahrräder angeboten, und Jörg hilft – neben seinem Job als Yamaha-Werksfahrer – auch dabei mit, wie es die Zeit erlaubt. Und ausgerechnet jetzt wird er auch noch Weltmeister. »Da muss I jetzt durch. Ist mir lieber als andersrum«, konstatiert er lachend. Und dabei hatte es vor dem Finale in England wahrlich nicht gut für ihn ausgesehen. Das große Fiasko in Oschersleben, der »Super-GAU«, wie Teamchef Udo Mark befand, hatte alle Titelträume mit einem Schlag zunichte gemacht. Teamkollege Christian Kellner, der Unglücksrabe, ging bei seiner Schlussattacke zu Boden und riss die Nummer vier gleich mit ins Verderben. Von einem nie wieder gut zu machenden Manöver war vielerorts die Rede, und viele stellten sich die Frage: »Würden sich Teuchert und Kellner überhaupt jemals wieder vertragen?« »Brands Hatch wird entscheidend sein, wie es mit uns weiter geht. Dieses Rennwochenende muss zeigen, ob die Chemie wieder hergestellt ist«, erklärt Christian Kellner nachdenklich, als wir ihn nach seinem unglücklichen Manöver daheim in Waging am See, rund 40 Kilometer von Salzburg entfernt, besuchen.

Meister-Macher: Mit der umgebauten 80 Kubik-Yamaha errang Jörg Teuchert seinen ersten DM-Titel als Enduro-Fahrer. In Eigenregie wurden Schwinge und Gabelstandrohre verlängert.

»Auf der Intermot, direkt nach Oschersleben, ging Jörg auf mich zu und gab mir die Hand. ›Schwamm drüber und nach vorn schauen. Eine winzige Chance haben wir noch. Nie aufgeben‹, sagte er. Das war ein feiner Zug«, erzählt Kellner, und wie wir wissen, sollte sich diese Devise, gepaart mit dem Ausfall Stéphane Chambons und den Problemen Paolo Casolis, am Ende tatsächlich auszahlen. Nicht zu vergessen freilich die kameradschaftliche Hilfe Kellners, der seinen Teamkollegen in der allerletzten Runde vorbeiwinkte, ihm so Platz zwei im Rennen und damit den WM-Titel sicherte. Obwohl er bei einem Sieg unter Umständen sogar noch selbst hätte Weltmeister werden können. »Daran habe ich nie wirklich gedacht. Ich bin in Brands Hatch für Jörg gefahren, um meinen Fehler von Oschersleben wieder auszubügeln und bin froh, dass es geklappt hat. Im nächsten Jahr

Einer seiner Lieblings-Brenner: Mit der TDR 250 düste Jörg über Land und startete gemeinsam mit Vater Arnulf auch bei den »1000 Kilometer Hockenheim«. »Mein Teamchef Udo Mark hat übrigens auch eine«, bemerkt der Franke.

bin nun ich dran. Mit der Nummer vier«, resümiert Christian Kellner, der gelernter Schreiner von Beruf ist.

Der, trotz aller Tragweite des Ereignisses von Oschersleben, freundschaftliche und vor allem offene und ehrliche Umgang miteinander ist den beiden sehr wichtig. »Ehrlichkeit ist für mich das Wichtigste«, betont Teuchert, und Kellner, völlig unabhängig davon danach befragt, was er am meisten verabscheut, sagt: »Unehrlichkeit. Ich kann's nicht haben, wenn jemand hinten herum ist. Wenn's Probleme gibt, sollte man die immer offen besprechen.« Vom Balkon seiner Drei-Zimmer-Dachwohnung in Waging fällt der Blick hinaus aufs Voralpenland. Kellner wohnt, wo andere Urlaub machen. Gute Luft, traumhafte Ruhe und nur drei Minuten zum See. Und rundherum natürlich feinste Landstraßen mit Kurven, soweit das Auge reicht. Klar, dass hier gute Motorradfahrer wie er gedeihen können. »Die Motorrad-Rennerei war im Grun-

Steckbrief Jörg Teuchert

Geburtstag/ Ort:	27.2.70 Lauf a.d.Pegn.
Wohnort:	Simmelsdorf/ Mittelfranken
Beruf:	Zweiradmechaniker-Meister
Familienstand:	ledig
Größe/Gewicht:	183cm / 70 kg
Hobbys:	Mountain-Biking
Leibgericht:	Pasta
Lieblingsrennstrecke:	Nürburgring , Oschersleben

Karriere:

1974:	Erstes eigenes Motorrad (Kreidler Eigenbau)
1986:	Erste Enduro-Rennen im OMK-Pokal
1987:	OMK-Enduro-Pokalsieger 80cm³ auf Yamaha
1988:	Berufliche Weiterbildung (KFZ Mechaniker)
1989:	OMK Enduro Pokalsieger 125cm³ auf Yamaha
1990:	Enduro-DM 6.Platz gesamt u. Teilnahme Enduro Mannschafts-weltmeisterschaft (Sixdays)
1991:	5. Platz Enduro DM u. Teilnahme Sixdays in Juniortrophy
1992:	Berufliche Weiterbildung zum Zweiradmechaniker-Meister
1993:	OMK-Pokal-Strassenrennen und 7.Platz Rallye-Pokal
1994:	2.Platz Yamaha Aral Cup punktgleich mit Platz eins
1995:	8.Platz SSP 600 DM auf Yamaha (bester Newcomer)
1996:	5.Platz SSP 600 DM sowie mehrere Top 15-Plätze in der EM auf Yamaha
1997:	Int. Deutscher Meister SSP 600
1998:	Int. Deutscher Meister SSP 600
	5.Platz bei SSP-Worldseries-Lauf Nürburgring
1999:	Supersport-WM auf Yamaha
	1. Sieg SSP-WM Albacete
	2. Sieg SSP-WM A-1 Ring
	4. Platz SSP-Weltmeisterschaft
2000:	Supersport-WELTMEISTER

Autogrammadresse: Am Marterl 6, 91245 Simmelsdorf

de immer ein Jugendtraum von meinem Vater«, erzählt Kellner, »deshalb hat er mir auch nie Steine in den Weg gelegt, obwohl er eigentlich dagegen war.« Die treibende Kraft auf dem Weg in den professionellen Motorradrennsport war aber nicht Vater Karl, sondern sein Motocross-begeisterter Onkel Rudi. Der sagte ihm: »Wenn du es nie probierst, wirst du auch nie wissen, ob du es wirklich geschafft hättest.« Und Kellner biss sich durch. 1994 begann er im ADAC-Junior Cup, wo er den dritten Gesamtrang einfuhr, 1995 folgte die 125er-DM, die er als Fünfter abschloss, und 1996 wurde er Deutscher Meister und erlebte auch die ersten Auftritte auf internationalem EM-Parkett. 1997 schließlich der Wechsel in die Supersport-DM und -EM. »Das war mein härtestes Jahr. Ich kam von der 125er, und die Suzuki war nun groß und breit für mich«, erklärt er.

Ein Jahr später dachte Kellner gar daran, aufzuhören. Fahrwerksprobleme, eine Reifenmisere, alles lief nicht so wie geplant. »Ein Gespräch mit Udo Mark half mir da weiter. Ich wechselte Federelemente und Reifen. Dann wurd's besser«, erzählt Kellner aus dieser Zeit. Der weitere Weg ist bekannt: 1998 folgten sogar zwei Einsätze in der PRO SUPERBIKE-DM für Suzuki, und Kellner bewies mit einem dritten Platz, dass er auch mit extrem leistungsstarkem Material hantieren kann.

1999 folgte schließlich die erste komplette WM-Saison für Yamaha, die er als Sechster im Endklassement beendete, 2000 wurde er nun WM-Vierter.

Etwas anders der Karriereverlauf bei Jörg Teuchert. Von Vater Arnulf (unter anderem 1980 Sixdays-Mannschafts-Weltmeister bis 100 cm³) bereits genetisch hochgradig vorbelastet, saß der Mittelfranke bereits mit vier Jahren auf einem Motorrad, das ihm der Papa unter den Weihnachtsbaum gestellt hatte. »Damit bin ich dann im Winter herumgefahren wie ein Geisteskranker«, erinnert sich Teuchert, dessen Karriere genau umgekehrt als bei seinem Vater verlief. Der nämlich wechselte vom teuren Straßenrennsport, den er unter anderem auch auf einer Eckert-Honda bestritt, zur preiswerteren Geländefraktion. Jörg gewann 1987 mit einer 80er-Yamaha und 1989 mit einer 125er den Deutschen Enduro-Pokal und hatte eigentlich nie Pläne für den Straßenrennsport.

Doch die Straßenmaschinen übten auf den jungen Teuchert mehr und mehr einen großen Reiz aus. Zusammen mit Vater Arnulf wurden etwa die 1000 Kilometer Hockenheim auf einer Yamaha TDR 250 bestritten – »übrigens das Motorrad, das auch mein Teamchef fährt«, so Teuchert – und nach zahlreichen »Zuvi«-Rennen – unter anderem auch gegen den heutigen PS-Chef Ralf Schneider – folgte dann der Einstieg in die Supersport-Klasse.

1994 stieg Jörg in den Yamaha-Aral-Cup ein und belegte punktgleich mit Sieger Johann Pröls Platz zwei im Endklassement. 1995 und 1996 folgte der Einstieg in die Supersport-DM. 1997 und 1998 wurde er Deutscher Meister, und in diesen Jahren konnte er auch erstmals in der damaligen Supersport-Weltserie Highlights setzen. So etwa beim WM-Lauf 1997 im italienischen Monza, wo er nach Platz neun im Training denselben Rang auch im Rennen landete, oder ein Jahr später beim Regenrennen auf dem Nürburgring, wo er auf Platz fünf fuhr. Zusammen mit Kellner landete Teuchert für 1999 schließlich im »Dream-Team« von Udo Mark und schloss seine erste komplette Supersport-WM als Vierter und nun, zum Millennium, gar als Weltmeister ab.

Dabei verfügt der Zweiradmechaniker-Meister aber nicht nur über eine begnadete Beherrschung seines Motorrads. »Ich denke, ich kann meine Gegner gut einschätzen und bin immer dann am stärksten, wenn ich mit dem Rücken zur Wand stehe. Das hab' ich von meinem Vater geerbt«, erzählt Teuchert, der außerdem keinen Hehl aus seinem Hang zum Perfektionismus und zum Taktieren macht. Dennoch sieht er sich bei allem gestähltem Selbstbewusstsein als eher sensiblen Menschen, der sich in diesem Jahr, etwa nach der Disqualifikation in Assen und dem Debakel in Oschersleben fragte: »Was muss ich eigentlich noch alles einstecken?« Teuchert war stets ein Fahrer zum Anfassen – und ist es trotz WM-Titel bisher auch geblieben. »Ich lasse die Dinge bis zu einem gewissen Grad auch gerne auf mich zukommen. Wichtig ist, dass ich Spaß habe, denn mit dem Spaß kommt auch der Erfolg«, ist er überzeugt und schmiedet deshalb keine allzu großen Zukunftspläne. »Ich hab' meist immer für ein Jahr im voraus gedacht. Das hat sich bewährt«, bekennt er. Doch eine kleine Vision hat er schon: »Sollte ich irgendwann die Klasse wechseln, dann in die Superbike-WM. Das ist angestrebt, doch muss man sehen, wie sich alles entwickelt«, erklärt er.

Bis zum Dezember können sich Jörg und Christian nur eine kleine Verschnaufpause gönnen. Bis dahin stehen zahlreiche PR-Termine und die obligatorischen WM-Feiern auf dem Programm, und auf's Motorrad schwingen sich die beiden erst kurz vor Jahreswende wieder. Dann beginnt die neue Saison mit Reifentests in Cartagena. Mal sehen, ob es in 2001 dann für Christian Kellner heißt »Vier gewinnt«, oder ob Jörg Teuchert seinen Titel verteidigen kann.

Steckbrief Christian Kellner

Geburtstag/ Ort:	7.12.71 Waging am See
Wohnort:	Waging am See
Beruf:	Schreiner
Familienstand:	ledig
Größe/Gewicht:	171 cm / 63 kg
Hobbys:	Mountain-Biking, Motocross, Skifahren
Leibgericht:	Pasta
Lieblingsrennstrecke:	Valencia, Misano, Nürburgring, Oschersleben

Karriere:

1982:	Erstes Motorrad, Motocross-Yamaha 80 cm^3
1989:	Yamaha RD 350 YPVS für Straßenbetrieb
1990:	Suzuki RGV 250 für Straßenbetrieb; Erste Fahrten »just for fun« auf dem Salzburgring
1991:	Erste Fahrten »just for fun« in Brünn/TCH
1994:	3. Platz im ADAC-Junior-Cup auf Suzuki
1995:	5. Platz Int. Straßen-DM bis 125 cm^3 auf Yamaha
1996:	Int. Deutscher Meister bis 125 cm^3 im HG-Junior-Team auf Honda
1997:	11. Platz Int. SSP-DM auf Suzuki
1998:	4. Platz Int. SSP-DM auf Suzuki; EM-Laufsieg in Portugal; zwei Starts in der PRO SUPERBIKE-Serie auf Suzuki
1999:	6. Platz Supersport-WM
2000:	4. Platz Supersport-WM

Autogrammadresse: Traunsteiner Straße 37a, 83329 Waging am See

Unter Dach und Fach: Jörg Teuchert bewohnt eine gemütliche Dach-Wohnung im elterlichen Haus. Hier wird auch höchstpersönlich die Fanpost beantwortet.

Wie im Urlaub: Wo andere Ferien machen, ist Christian Kellner zuhause. In der Hängematte unterm Dachgiebel lässt es sich hier freilich aushalten.

Gemütlicher Plausch: Der Autor zu Besuch bei Christian Kellner. Der gelernte Schreiner wohnt ebenfalls unterm Dach und hat so manches Möbelstück selbst angefertigt.

Da ist gut sein: Knapp drei Minuten sind's zum Waginger See, und manchmal findet sich sogar auch die Zeit für eine kleine Boots-Partie.

Just for Fun: Wie Jörg Teuchert bewegt auch Christian Kellner gern die auf Supermoto umgebaute Yamaha WR 400. »Ein Heidenspaß, mit dem Ding um die Ecken zu driften«, gesteht er.

Angriffslustig: Kellner hat Biss, wie er auch hier im Umgang mit dem Schwert signalisiert. »Ein Samurai-Schwert, das ich von Yamaha geschenkt bekam«, erklärt er.

Twins for Wins

Honda bereitete sich minuziös vor und siegte auf Anhieb in der Superbike-WM. Bimota dagegen wurde in letzter Minute mit dem neuen V2-Superbike fertig - und holte beim Auftakt in Südafrika sofort WM-Punkte. Eine Analyse

Überraschungs-Kandidat: Anthony Gobert punktete mit der Bimota SB 8K auf Anhieb, und im australischen Phillip Island gewann er sogar ein Rennen.

Auf den ersten Blick mutet die Honda-Werksrennmaschine vom Typ VTR 1000 SP-1 oder SPW, wie sie auch heißt, durchaus konventionell an. 90 Grad-V2-Motor, wassergekühlt, vier Ventile pro Zylinder sowie zwei Nockenwellen pro Zylinderkopf. Am Motorenkonzept kann es also kaum liegen, dass die V2-Honda die arrivierten Ducati-Renner schon bei den Vorsaison-Tests bügelte und Edwards gleich das erste Rennen in Kyalami gewann. Die Geheimnisse liegen wie so oft im »Gesamtpaket«.

Das Motorrad ist klein, kurz und schmal geraten. Radstand und Schwerpunktlage sind durch den gegenüber Konkurrent Ducati etwas nach oben und hinten gedrehten V-Motor günstig ausgefallen. Interessant dabei am Rande: Jüngsten Informationen zufolge will Du-

Souveräner Einstand: Gleich beim ersten Einsatz im südafrikanischen Kyalami siegte Colin Edwards auf der brandneuen Honda VTR 1000 SPW. Am Ende sicherte er Honda den WM-Titel.

cati auch beim 996-Nachfolger am liegenden vorderen Zylinder festhalten, was die konstruktiven Möglichkeiten hinsichtlich Radstand und Lenkkopfwinkel einschränkt.

»Die Honda ist unglaublich gut. Ich selbst habe mit der Radarpistole die Geschwindigkeiten am Kurvenausgang verglichen, und Edwards ist mit der VTR rund 10 km/h schneller als jedes andere Superbike«, verrät Kawasaki-Teamchef Harald Eckl. Dies spricht wiederum für gute Traktion, die Leistung – etwa 170 PS – wird also voll auf den Boden gebracht.

»Habt ihr nicht Angst, dass die Honda alles niederwalzt, wenn sie bereits jetzt am Saisonbeginn schon so gut ist?«, wollte ein Journalist bei der Pressekonferenz in Kyalami von Aprilia-Mann Troy Corser und Ducati-Champion Carl Fogarty wissen. Betretene Minen, und Colin Edwards ergriff schließlich das Wort: »Eigentlich ist sie ja mindestens schon ein Jahr alt. Solange kenne ich sie und habe sie seitdem getestet.«

Also kein Grund, Angst zu haben? Fraglos, die Honda bietet das modernere Fahrwerk als Ducati, erlaubt engere Kurvenradien und beschleunigt obendrein besser aus den Ecken. Und sie steht erst am Anfang, die Ducati dagegen eher am Ende ihrer Entwicklung. Honda hat also Potenzial für mehr. »So unglaublich es klingt, aber mit dem Motor der VTR befassen sich bei HRC nur zwei Leute. Deshalb müssen wir momentan auch noch auf feine Details wie eine Trockenkupplung oder eine Trockensumpfschmierung verzichten. Aber das kann noch kommen. Momentan liegen wir noch zwei Kilogramm über dem Gewichtslimit und fahren sogar noch mit einem elektrischen Anlasser, da unsere Anti-Hopping-Kupplung den Einsatz einer Startmaschine übers Hinterrad wegen des Schlupfs nicht zulässt«, resümiert HRC-Chefentwickler Syuhei Nakamoto in die Zukunft blickend.

Zukunft hat fraglos auch das in Windeseile von Bimota realisierte Superbike-Projekt der SB8K, die in Kyalami debütierte.

Wie aus einem Guss: Die Honda VTR 1000 SPW geriet sehr klein und kompakt. Der 1000er-V2 leistet über 170 PS.

Aufwändig gemacht: Die Bimota SB 8K verfügt über einen Leichtmetall-Carbon-Rahmen und eine aus Magnesium gegossene Hinterradschwinge.

»Alles begann mit einer Busfahrt nach Nizza«, erzählt Teamchef Virginio Ferrari. »Los, los, der Bus nach Nizza ist da. Alle Mann einsteigen«, sagte ich vor kaum vier Wochen. Warum?, fragten mich meine Mechaniker. Weil ich euch zu einem Freund von mir bringen will. Er ist der beste Nervenarzt, den ich kenne. Denn wir sind alle verrückt. Verrückt, weil wir Anfang März noch gar kein Motorrad hatten, erst zwei Wochen vor dem WM-Auftakt, am 16. März im Publikumsverkehr von Misano, überhaupt damit gefahren sind«, erzählt Virginio lachend am Sonntagabend mit vier WM-Zählern für Anthony Gobert im Gepäck vor der Rückreise.

Und in der Tat. Angesichts der Werks-Armada, die von Honda, Ducati, Kawasaki, Suzuki und Yamaha ins Superbike-Feld geschickt wird, mutet das Unterfangen der Bimotisti wie einst der Kampf von David gegen Goliath an. Spielst du David gegen Goliath, frage ich Virginio. »Natürlich. Und du kennst mich, weisst, dass ich in meinem Leben den sportlichen Wettbewerb über alles liebe. Wir werden Erfolg haben. Aber nicht erst in ein, zwei, drei Jahren. Es muss, es wird schneller gehen«, erzählt er mit seinem fast schon ansteckenden Optimismus und seiner italienischen Begeisterung.

Hallo Japan: »Nein, wir brauchen nicht mehr Leistung. Wir gewinnen auch so«, scheint Honda-Teamchef Neil Tuxworth hier beim Auftakt in Kyalami zu vermelden.

Doch Virginio und seine Bimota-Mannschaft sind keinesfalls verrückt. Im Gegenteil. Schlitzohrigkeit wäre treffender. Von Ducati mehr oder weniger entlassen, engagierte Virginio für das Projekt Motoren-Bauer Franco Farnè, der über 40 Jahre für das Bologneser Werk gearbeitet hat und sich nun den Suzuki TL 1000 R-Motor vornahm. »Franco hat einen starken Motor gebaut. Einen sehr starken. 172 PS an der Kurbelwelle«, sagt er, und in den Trainingssitzungen sowie den Rennen von Kyalami war sichtbar, dass die Bimota gut beschleunigt. Sehr gut sogar. Am Motor liegt es also nicht, wenn noch keine Siege herausspringen. »Im Gegenteil. Wir haben hier im hoch gelegenen Kyalami weit über 100 Grad Wassertemperatur gehabt. Das kostete viele PS«, erklärt Virginio und erklärt, dass der Kühlkreislauf unbedingt noch geändert werden muss.

Aufstieg und Fall: Bimota-Teamchef Virginio Ferrari leistete zu Anfang der 2000er-Saison brilliante Arbeit. Finanzielle Probleme, verursacht durch den dubiosen Prinzen Malik bedeuteten aber schon nach wenigen Rennen das Aus.

Prächtig funktioniert hingegen die mit zwei über dem Ansaugtrichter des jeweiligen Zylinders ausgestattete Einspritzung. Ein krasser Unterschied zur Honda, die auf zwei Einspritzdüsen im Saugrohr setzt oder zur Ducati, die nur noch mit einem großen Injektor arbeitet. Gewaltige 172 PS und ein Drehzahllimit von 12400/min gibt Virginio Ferrari für den von Ex-Ducati-Motorenpapst Franco Farné präparierten Motor an.

»Was noch zu verbessern bleibt, ist die Gewichts-Balance unseres Motorrades. Im Moment haben wir 162 Kilogramm Trockengewicht, verteilt zu 53 Prozent vorn sowie 47 hinten«, erklärt Virginio Ferrari weiter. Auch mit 1390 Millimetern Radstand und 100 Millimetern Nachlauf sowie Offset-Werten (Vorbau der Gabelholme im Verhältnis zum Lenkschaftrohr) zwischen 25 und 30 Millimeter wartet das Compound-Chassis aus Aluminium und Kohlefaser mit durchaus üblichen Werten auf.

Der Auftakt, den die 20köpfige Bimota-Truppe in Kyalami zeigte, nötigte zweifellos Respekt ab, ja, durfte als kleine Sensation gewertet werden. Kaum jemand hätte es für möglich gehalten, mit einem nahezu unerprobten Motorrad auf Anhieb WM-Punkte einzufahren. Ausser Virginio natürlich. »Auch ein kleines Werk hat Chancen in der Superbike-WM«, sagte er noch im vergangenen Sommer, als wir erstmals über dieses Projekt sprachen. Damals hatte der Autor Zweifel – in diesem Moment am liebsten ebenfalls eine Busfahrt nach Nizza gebucht.

Doch alles kam anders und zunächst sogar besser. Mit einer extrem glücklichen Reifenwahl gelang Anthony Gobert beim darauffolgenden Lauf in Phillip Island ein überlegener Sieg, und die Bimota-Crew war vollends aus dem Häuschen. Wie dicht Erfolg und Niederlage beieinander liegen können, manifestierte sich jedoch in Hockenheim. Dort wurde offenbart, dass der afrikanische Prinz Malik Virginio Ferrari und Bimota mit seinen Versprechungen, die finanziellen Mittel aufzutreiben, die für das Bestreiten der Saison notwendig gewesen wären, nicht mehr als heiße Luft produziert hatte. So geriet nicht nur die ganze Superbike-Unternehmung, sondern gar das Werk in Rimini in extreme finanzielle Bedrängnis, und so verschwand Bimota so rasch von der Superbike-Bühne, wie sie erschienen waren.

Für Honda dagegen lief alles nach Plan. Edwards führte die brandneue VTR 1000 SPW zu Siegen und schließlich zum Titel. Viel mehr noch als für die Bimota galt für die Honda in diesem Jahr: Twins for wins.

Die Fahrer

Start-Nr.:	**1**
Name:	Fogarty
Vorname:	Carl George
Nationalität:	GB
Geburtstag:	01.07.66
Familienstand:	verheiratet
Team:	Ducati Performance

Start-Nr.:	**2**
Name:	Edwards
Vorname:	Colin
Nationalität:	USA
Geburtstag:	14.12.72
Familienstand:	ledig
Team:	Castrol Honda

Start-Nr.:	**3**
Name:	Corser
Vorname:	Troy Gordon
Nationalität:	AUS
Geburtstag:	27.11.71
Familienstand:	ledig
Team:	Aprilia Axo

Start-Nr.:	**4**
Name:	Yanagawa
Vorname:	Akira
Nationalität:	J
Geburtstag:	15.06.71
Familienstand:	verheiratet
Team:	Kawasaki Racing Team

Start-Nr.:	**6**
Name:	Lavilla
Vorname:	Gregorio
Nationalität:	E
Geburtstag:	29.09.73
Familienstand:	ledig
Team:	Kawasaki Racing Team

Start-Nr.:	**7**
Name:	Chili
Vorname:	Pierfrancesco
Nationalität:	I
Geburtstag:	20.06.64
Familienstand:	verheiratet
Team:	Suzuki Alstare Corona

Start-Nr.:	**9**
Name:	Fujiwara
Vorname:	Katsuaki
Nationalität:	J
Geburtstag:	27.03.75
Familienstand:	ledig
Team:	Suzuki Alstare Corona

Start-Nr.:	**10**
Name:	Guareschi
Vorname:	Vittoriano
Nationalität:	I
Geburtstag:	19.06.71
Familienstand:	ledig
Team:	Yamaha WSBK Team

Start-Nr.: **11**
Name: Pedercini
Vorname: Lucio
Nationalität: I
Geburtstag: 22.09.72
Familienstand: ledig
Team: Ducati
Pedercini

Start-Nr.: **12**
Name: Aoki
Vorname: Haruchika
Nationalität: J
Geburtstag: k. A.
Familienstand: ledig
Team: R & D Bieffe Ducati

Start-Nr.: **13**
Name: Meklau
Vorname: Andreas
Nationalität: A
Geburtstag: 07.06c.67
Familienstand: ledig
Team: Gerin World Superbike Tm.

Start-Nr.: **14**
Name: Goddard
Vorname: Peter
Nationalität: AUS
Geburtstag: 28.06.64
Familienstand: verheiratet
Team: Kawasaki Racing Team

Start-Nr.: **18**
Name: Barth
Vorname: Markus
Nationalität: D
Geburtstag: k. A.
Familienstand: ledig
Team: Alpha-Technik Yamaha

Start-Nr.: **19**
Name: Borja
Vorname: Juan Bautista
Nationalität: USA
Geburtstag: 03.02.70
Familienstand: ledig
Team: Ducati Performance

Start-Nr.: **21**
Name: Bayliss
Vorname: Troy
Nationalität: AUS
Geburtstag: 30.03.69
Familienstand: ledig
Team: Ducati Performance

Start-Nr.: **28**
Name: Ölschläger
Vorname: Jürgen
Nationalität: D
Geburtstag: k. A.
Familienstand: ledig
Team: Alpha-Technik Yamaha

Start-Nr.: **33**
Name: Ulm
Vorname: Robert
Nationalität: A
Geburtstag: 16.06.73
Familienstand: ledig
Team: Gerin World Superbike Tm.

Start-Nr.: **35**
Name: Bussei
Vorname: Giovanni
Nationalität: I
Geburtstag: k. A.
Familienstand: ledig
Team: Kawasaki Bertocchi

Start-Nr.: ***38***
Name: *Isaacs*
Vorname: *Lance*
Nationalität: *RSA*
Geburtstag: *k. A.*
Familienstand: *ledig*
Team: *Ducati NCR*

Start-Nr.: ***39***
Name: *Gramigni*
Vorname: *Alessandro*
Nationalität: *I*
Geburtstag: *29.12.68*
Familienstand: *ledig*
Team: *Valli Racing 391 Yamaha*

Start-Nr.: ***41***
Name: *Haga*
Vorname: *Noriyuki*
Nationalität: *J*
Geburtstag: *02.03.75*
Familienstand: *ledig*
Team: *Yamaha WSBK Team*

Start-Nr.: ***82***
Name: *Romboni*
Vorname: *Doriano*
Nationalität: *I*
Geburtstag: *08.12.68*
Familienstand: *ledig*
Team: *R & D Bieffe Ducati*

Start-Nr.: ***111***
Name: *Slight*
Vorname: *Aaron*
Nationalität: *NZ*
Geburtstag: *19.01.66*
Familienstand: *verheiratet*
Team: *Castrol Honda*

Start-Nr.: ***155***
Name: *Bostrom*
Vorname: *Ben*
Nationalität: *USA*
Geburtstag: *07.04.74*
Familienstand: *ledig*
Team: *Ducati NCR*

Start-Nr.: ***501***
Name: *Gobert*
Vorname: *Anthony*
Nationalität: *AUS*
Geburtstag: *05.03.75*
Familienstand: *ledig*
Team: *MVR Bomota / Virgin Yamaha*

Die Superbike-WM in Zahlen

Superbike-WM 1988	
WM-Endstand	Punkte
1. Fred Merkel, USA, Honda	99
2. Fabrizio Pirovano, I, Yamaha	93,5
3. Davide Tardozzi, I, Bimota	91,5
4. Stéphane Mertens, B, Bimota	90,5
5. Marco Lucchinelli, I, Ducati	64

Superbike-WM 1989	
WM-Endstand	Punkte
1. Fred Merkel, USA, Honda	272
2. Stéphane Mertens, B, Honda	265
3. Raymond Roche, F, Ducati,	222
4. Fabrizio Pirovano, I, Yamaha	208
5. Anders Anderson, S, Yamaha	159

Superbike-WM 1990	
WM-Endstand	Punkte
1. Raymond Roche, F, Ducati	391
2. Fabrizio Pirovano, I, Yamaha	337
3. Stéphane Mertens, B, Honda	321
4. Rob Phillis, AUS, Kawasaki	252
5. Rob McElnea, GB, Yamaha	236

Superbike-WM 1991	
WM-Endstand	Punkte
1. Doug Polen, USA, Ducati	432
2. Raymond Roche, F, Ducati	282
3. Rob Phillis, AUS, Kawasaki	266
4. Stéphane Mertens, B, Ducati	222
5. Fabrizio Pirovano, I, Yamaha	194

Superbike-WM 1992	
WM-Endstand	
1. Doug Polen, USA, Ducati	371 Punkte
2. Raymond Roche, F, Ducati	336
3. Rob Phillis, AUS, Kawasaki	289
4. Giancarlo Falappa, I, Ducati	279
5. Fabrizio Pirovano, I, Yamaha	278

Superbike-WM 1993	
WM-Endstand	Punkte
1. Scott Russell, USA, Kawasaki	378,5
2. Carl Fogarty, GB, Ducati	349,5
3. Aaron Slight, NZ, Kawasaki	316
4. Fabrizio Pirovano, I, Yamaha	290
5. Giancarlo Falappa, I, Ducati	255

Superbike-WM 1994	
WM-Endstand	Punkte
1. Carl Fogarty, GB, Ducati	305
2. Scott Russell, USA, Kawasaki	280
3. Aaron Slight, NZ, Honda	277
4. Doug Polen, USA, Honda	158
5. Simon Crafar, NZ, Kawasaki	153

Superbike-WM 1995	
WM-Endstand	Punkte
1. Carl Fogarty, GB, Ducati	478
2. Troy Corser, AUS, Ducati	339
3. Aaron Slight, NZ, Honda	323
4. Anthony Gobert, AUS, Kawasaki	222
5. Yasutomo Nagai, J, Kawasaki	188

Superbike-WM 1996	
WM-Endstand	Punkte
1. Troy Corser, AUS, Ducati	369
2. Aaron Slight, NZ, Honda	347
3. John Kocinski, USA, Ducati	337
4. Carl Fogarty, GB, Honda	331
5. Colin Edwards II, USA, Yamaha	248

Superbike-WM 1997	
WM-Endstand	Punkte
1. John Kocinski, USA, Honda	416
2. Carl Fogarty, GB, Ducati	358
3. Aaron Slight, NZ, Honda	343
4. Akira Yanagawa, J, Kawasaki	247
5. Simon Crafar, NZ, Kawasaki	234

Superbike-WM 1998	
WM-Endstand	Punkte
1. Carl Fogarty, GB, Ducati	351,5
2. Aaron Slight, NZ, Honda	347
3. Troy Corser, AUS, Ducati	328,5
4. Pierfrancesco Chili, I, Ducati	293,5
5. Colin Edwards, USA, Honda	279,5

Superbike-WM 1999	
WM-Endstand	Punkte
1.Carl Fogarty, GB, Ducati,	489
2.Colin Edwards, USA, Honda	361
3.Troy Corser, AUS, Ducati	361
4.Aaron Slight, NZ, Honda	323
5.Akira Yanagawa, J, Kawasaki	308
11.Andreas Meklau, A, Ducati	**94**
13.Robert Ulm, A, Kawasaki	**59**

Superbike-WM 2000	
WM-Endstand (nach 26 Läufen)	Punkte
1.Colin Edwards, USA, Honda (Weltmeister)	400
2. Noriyuki Haga, J, Yamaha	335
3. Troy Corser, AUS, Aprilia	310
4. Pierfrancesco Chili, I, Suzuki	258
5. Akira Yanagawa, J, Kawasaki	247
6. Troy Bayliss, AUS, Ducati	243
7. Ben Bostrom, USA, Ducati	174
8. Aaron Slight, NZ, Honda	153
9. Katsuaki Fujiwara, J, Suzuki	151
10. Gregorio Lavillla, E, Kawasaki	133
11. Juan Bautista Borja, E, Ducati´	123
12. Neil Hodgson, GB, Ducati	99
13. Andreas Meklau, A, Ducati	**91**
14. Chris Walker, GB, Suzuki	82
15. Alessandro Antonello, I, Aprilia	72
16. Robert Ulm, A, Ducati	**67**
34. Markus Barth, D, Yamaha	**16**
36. Jürgen Ölschläger, D, Yamaha	**14**

Supersport-WM 1999	
WM-Endstand	Punkte
1.Stéphane Chambon, F. Suzuki	153
2.Iain MacPherson, GB, Kawasaki	130
3.Piergiorgio Bontempi, I, Yamaha	116
4.Jörg Teuchert, D, Yamaha	**108**
5.Ruben Xaus, E, Yamaha	101
6.Christian Kellner, D, Yamaha	**94**

Supersport-WM 2000	
WM-Endstand (nach 11 Läufen)	Punkte
1. Jörg Teuchert, D, Yamaha (Weltmeister)	**136**
2. Paolo Casoli, I, Ducati	133
3. Stéphane Chambon, F, Suzuki	133
4. Christian Kellner, D, Yamaha	**122**
5. Karl Muggeridge, GB, Honda	115
6. Jamie Whitham, GB, Yamaha	104
7. Ruben Xaus, E, Ducati	77
8. Iain MacPherson, GB, Kawasaki	73
9. Fabrizio Pirovano, I, Suzuki	61
10. Andrew Pitt, AUS, Kawasaki	60
11. Massimo Meregalli, I, Yamaha	58
12. Piergiorgio Bontempi, I, Ducati	51
13. Pere Riba, E, Honda	44
14. Christophe Cogan, F, Ducati	41
15. Werner Daemen, B, Yamaha	38

Sidecar World Cup 1999	
Endstand	Punkte
1. Webster/James, GB/GB, Suzuki 1200	190
2. Klaffenböck/Hänni, A/CH, LCR-Hrm	179
3. Abbott/Biggs, GB/GB, Windle-Honda	139
4. Schlosser/Hauser, CH/CH, LCR-Brm-swissauto	81
5. Soutar/Hopkinson, AUS/AUS, LCR-Adm-Honda	66
8. Steinhausen/Schmidt, D, Suzuki 1200	**57**

Sidecar World Cup 2000	
Endstand (nach 11 Läufen)	Punkte
1. Webster/Woodhead, GB, Suzuki (Weltcup-Sieger)	220
2. Klaffenböck/Hänni, A/CH, Suzuki	212
3. Steinhausen/Parzer, D/A, Suzuki	**178**
4. Janssen/Hopkinson, NL/GB, BRM	96
5. Hauzenberger/Crone, A, Suzuki	94
6. Muldoon/Gusman, GB, ADM	93
7. Abbott/Biggs, GB, Yamaha	71
8. Van Gils/Van Gils, NL, Suzuki	69
9. Hanks/Simons, GB, Yamaha	60
10. Liechti/Locher, CH, Kawasaki	51
11. Guy/Peach, GB, BRM	49
12. Steenbergen/Steenbergen, NL, Suzuki	48
13. Molyneux/Aubrey,	31
14. Hansen/Wood, F/GB, Suzuki	30
15. Gray/Pointer	27

Superstock-EM 1999	
EM-Endstand	Punkte
1.Karl Harris, GB, Suzuki GSX-R 750	189
2.Daniel Oliver, E, Aprilia RSV mille	154
3.Marc Fissette, B, Suzuki GSX-R 600	100
4.Dario Tosolini, I, Yamaha YZF-R1	92
5.Paul Notman, GB, Yamaha YZF-R1	78
7.Dominique Duchene, D, Kawasaki ZX-9R	**58**
16.Katja Poensgen, D, Suzuki GSX-R 750	**26**

Superstock-EM 2000	
EM-Endstand (nach 9 Läufen)	Punkte
1. J. Ellison, GB, Honda (Europameister)	122
2. Markus Wegscheider, I, Suzuki	93
3. Chris Burns, GB, Yamaha und Four,je	85
5. Dario Tosolini, I, Suzuki	78
6. Katja Poensgen, D, Suzuki	**74**
7. Daniel Oliver, I, Aprilia	71
8. Steven Casaer, B, Yamaha	59
9. Barry Veneman, NL, Yamaha	58
10. Jamie Morley, GB, Suzuki	52
11. Fréderic Jond, F, Honda	46
12. Benny Jerzenbeck, D, Suzuki	**40**
13. Gary Mason, GB, Aprilia und Steve Brogan, GB, Suzuki, je	35
15. Stéphane Jond, F, Honda	33
38. Benjamin Nabert, D, Kawasaki	**1**

Ergebnisse Superbike-WM 2000

Kyalami/RSA (02.04.00)

Streckenlänge: 4,207 km
Rundenrekord: Carl Fogarty, GB, Ducati in 1:43,224 min (= 148,675 km/h
Superpole: Troy Corser, AUS, Aprilia, in 1:42,471 min (= 149,767 km/h)

Rennen 1:

1. Colin Edwards, USA, Honda	in 43:21,141 min (= 147,501 km/h)
2. Noriyuki Haga, J, Yamaha,	0,133 s zur.
3. Fogarty,	0,225 s zur.
4. Corser,	7,847 s zur.
5. Pierfrancesco Chili, I, Suzuki,	10,012 s zur.
6. Gregorio Lavilla, E, Kawasaki	
7. Haruchika Aoki, J, Ducati	
8. Katsuaki Fujiwara, J, Suzuki	
9. Ben Bostrom, USA, Ducati	
10. Juan Borja, E, Ducati	
11. Andreas Meklau, A, Ducati	
12. Giovanni Bussei, I, Kawasaki	
13. Lance Isaacs, RSA, Ducati	
14. Simon Crafar, NZ, Honda	
15. Vittoriano Guareschi, I, Yamaha	
16. Robert Ulm, A, Ducati	

Schnellste Runde:
Edwards, in 1:43,270 min (= 148,609 km/h)

Rennen 2:

1. Haga,	in43:22,756 min (= 147,409 km/h)
2. Edwards,	6,482 s zur.
3. Chili,	11,967 s zur.
4. Corser,	16,974 s zur.
5. Aoki,	30,232 s zur.
6. Lavilla	
7. Borja	
8. Bostrom	
9. Fujiwara	
10. Alessandro Antonello, I, Aprilia	
11. Bussei	
12. Anthony Gobert, I, Bimota	
13. Meklau	
14. Crafar	
15. Alessandro Gramigni, I, Yamaha	

Schnellste Runde:
Fogarty in 1:43,224 min (= 148,675 km/h)

Phillip Island/AUS (23.04.2000)

Streckenlänge: 4,445 km
Rundenrekord: Troy Corser, AUS, Ducati, 1999 in 1:33,019 min (= 172,029 km/h)
Superpole: Corser, Aprilia in 1:33,321 min (= 171,473 km/h)

Rennen 1:

1. Anthony Gobert, AUS, Bimota	in 40:48,406 min (= 143,785 km/h)
2. Carl Fogarty, GB, Ducati,	29,542 s zur.
3. Vittoriano Guareschi, I, Yamaha,	41,105 s zur.
4. Lucio Pedercini, I, Ducati,	52,174 s zur.
5. Colin Edwards, USA, Honda,	56,985 s zur.
6. Robert Ulm, A, Ducati	
7. Gregorio Lavilla, E, Kawasaki	
8. Giovanni Bussei, I, Kawasaki	
9. Akira Yanagawa, J, Kawasaki	
10. Noriyuki Haga, J, Yamaha	
11. Alistair Maxwell, AUS, Kawasaki	
12. Mauro Sanchini, I, Ducati	
13. Katsuaki Fujiwara, J, Suzuki	
14. Lance Isaacs, RSA, Ducati	
15. Ben Bostrom, USA, Honda	

Schnellste Runde:
Fogarty in 1:45,872 min (= 151,145 km/h)

Rennen 2:

1. Corser	in 25:45,786 min (= 155,280 km/h)
2. Haga,	1,994 s zur.
3. Pierfrancesco Chili, I, Suzuki,	4,330 s zur.
4. Lavilla,	23,494 s zur.
5. Edwards,	56,985 s zur.
6. Yanagawa	
7. Fujiwara	
8. Simon Crafar, NZ, Honda	
9. Gobert	
10. Haruchika Aoki, J, Ducati	
11. Ulm	
12. Sanchini	
13. Pedercini	
14. Bostrom	
15. Igor Antonelli, I, Kawasaki	

Schnellste Runde:
Corser in 1:36,620 min (= 165,618 km/h)

Sugo/J (30.04.2000)

Streckenlänge: 3,737 km
Rundenrekord: Hitoyasu Izutsu, J, Kawasaki
in 1:29,966 min
(= 149,536 km/h)
Superpole: Edwards
in 1:29,519 min
(= 150,283 km/h)

Rennen 1:

1. Izutsu in 37:57,425 min (= 147,680 km/h)
2. Haga, 3,812 s zur.
3. Chili, 4,093 s zur.
4. Akira Ryo, J, Suzuki, 4,351 s zur.
5. Edwards, 5,012 s zur.
6. Keiichi Kitagawa, J, Suzuki
7. Makoto Tamada, J, Honda
8. Wataru Yoshikawa, J, Yamaha
9. Corser
10. Lavilla
11. **Meklau**
12. **Ulm**
13. Yuichi Takeda, J, Honda
14. Juan Baptista Borja, E, Ducati
15. Bussei

Schnellste Runde:
Ryo in 1:30,158 min (= 149,218 km/h)

Rennen 2:

1. Izutsu in 37:47,120 min (= 148,351 km/h)
2. Yoshikawa, 0,223 s zur.
3. Edwards, 4,302 s zur.
4. Haga, 7,252 s zur.
5. Corser, 14,772 s zur.
6. Yanagawa
7. Tamaki Serizawa, J, Kawasaki
8. Keiichi Kitagawa, J, Suzuki
9. Ryo
10. Lavilla
11. Borja
12. Meklau
13. Bostrom
14. Ulm
15. Kamada

Schnellste Runde:
Izutsu in 1:29,968 min (= 149,536 km/h)

Donington/GB (14.05.2000)

Streckenlänge: 4,023 km
Rundenrekord: Corser, Ducati, 1996
in 1:33,470 min
(= 154,950 km/h)
Superpole: Edwards
in 1:32,599 min
(= 156,403 km/h)

Rennen 1:

1. Edwards in 39:26,879 min
2. Chili, 1,079 s zur.
3. Neil Hodgson, GB, Ducati, 6,177 s zur.
4. Haga, 9,877 s zur.
5. Chris Walker, GB, Suzuki, 12,295 s zur.
6. James Haydon, GB, Ducati
7. Yanagawa
8. Corser
9. Aaron Slight, NZ, Honda
10. John Reynolds, GB, Ducati
11. Lavilla
12. Steve Hislop, GB, Yamaha
13. **Ulm**
14. **Meklau**
15. Bostrom
19. **Markus Barth, D, Yamaha**
22. **Jürgen Oelschläger, D, Yamaha**

Schnellste Runde:
Chili in 1:33,660 min (= 154,632 km/h)

Rennen 2:

1. Hodgson in 39:32,446 min
2. Walker, 0,830 s zur.
3. Chili, 2,746 s zur.
4. Haga, 5,854 s zur.
5. Yanagawa, 10,215 s zur.
6. Haydon
7. Slight
8. Bostrom
9. **Meklau**
10. Aoki
11. Antonello
12. John Crawford, GB, Suzuki
13. Fujiwara
14. Guareschi
15. Gramigni
16. **Barth**

Schnellste Runde:
Edwards in 1:34,089 min (= 153,927 km/h)

Monza/I (21.05.2000)

Streckenlänge: 5,770 km

Rundenrekord: Pierfrancesco Chili, I, Suzuki,
2000 in 1:45,470 min
(= 196,947 km/h)

Super Pole: Colin Edwards, USA, Honda
in 1:46,227 min
(= 195,544 km/h)

Rennen 1:

1. Chili in 31:59,010 min (= 194,838 km/h)
2. Edwards, 0,028 s zur.
3. Akira Yanagawa, J, Kawasaki, 11,901 s zur.
4. Troy Bayliss, AUS, Ducati, 12,090 s zur.
5. Aaron Slight, NZ, Honda, 13,483 s zur.
6. Gregorio Lavilla, E, Kawasaki
7. Ben Bostrom, USA, Ducati
8. Troy Corser, AUS, Aprilia
9. Alessandro Antonello, I, Aprilia
10. **Robert Ulm, A, Ducati**
11. Katsuaki Fujiwara, J, Suzuki
12. Vittoriano Guareschi, I, Yamaha
13. Mauro Sanchini, I, Ducati
14. Giovanni Bussei, I, Kawasaki
15. **Markus Barth, D, Yamaha**

Schnellste Runde:
Chili in 1:45,470 min (= 196,947 km/h)

Rennen 2:

1. Edwards in 32:07,510 min (= 193,979 km/h)
2. Chili, 0,031 s zur.
3. Yanagawa, 2,552 s zur.
4. Bayliss, 4,164 s zur.
5. Noriyuki Haga, J, Yamaha, 7,078 s zur.
6. Corser
7. Slight
8. **Andreas Meklau, A, Ducati**
9. Fujiwara
10. Bostrom
11. Antonello
12. **Barth**
13. **Jürgen Ölschläger, D, Yamaha**
14. Lance Isaacs, RSA, Ducati
15. Paolo Blora, I, Ducati

Schnellste Runde:
Edwards in 1:45,930 min (= 196,092 km/h)

Hockenheim/D (4.06.2000)

Streckenlänge: 6,792 km

Rundenrekord: Chili (2000)
in 1:59,885 min
(= 203,955 km/h)

Superpole: Edwards
in 2:00,022 min
(= 203,723 km/h)

Rennen 1:

1.Bayliss in 28:20,273 min (= 201,330 km/h)
2. Yanagawa, 0,202 s zur.
3. Haga, 0,748 s zur.
4. Edwards, 0,799 s zur.
5. Slight, 3,282 s zur.
6. Meklau
7. Corser
8. Ulm
9. Antonello
10. Bostrom
11. Crafar
12. Haydon
13. Borja
14. Steve Plater, GB, Kawasaki
15. Barth

Schnellste Runde:
Chili in 1:59,885 min (= 203,955 km/h)

Rennen 2:

1.Haga in 28:20,519 min (= 201,301 km/h)
2. Edwards, 0,170 s zur.
3. Chili, 0,406 s zur.
4. Bayliss, 0,687 s zur.
5. Slight, 6,083 s zur.
6. Corser
7. Antonello
8. Meklau
9. Ulm
10. Fujjiwara
11. Bostrom
12. Borja
13. Guareschi
14. Crafar
15. Barth
17. Ölschläger

Schnellste Runde:
Haga in 2:00,201 min (= 203,419 km/h)

Misano/RSM (18.06.2000)

Streckenlänge: 4,060 km

Rundenrekord: Corser
in 1:35,986 min
(= 152,241 km/h)

Superpole: Corser
in 1:34,906 min
(= 154,005 km/h)

Rennen 1:

1.Corser in 40:28,677 min (= 150,454 km/h)
2. Bayliss, 8,573 s zur.
3. Katsuaki Fujiwara, J, Suzuki, 9,146 s zur.
4. Juan Borja, E, Ducati, 11,454 s zur.
5. Yanagawa, 11,628 s zur.
6. Bostrom
7. Haga
8. Peter Goddard, AUS, Kawasaki
9. Haruchika Aoki, J, Ducati
10. Antonello
11. Meklau
12. Gramigni
13. Pedercini
14. Protat
15. Isaacs

Schnellste Runde:
Corser in 1:36,196 min (= 151,910 km/h)

Rennen 2:

1. Corser in 37:10,504 min (= 150,719 km/h)
2. Bayliss, 4,776 s zur.
3. Bostrom, 5,538 s zur.
4. Fujiwara, 6,529 s zur.
5. Borja, 7,091 s zur.
6. Yanagawa
7. Antonello
8. Goddard
9. Slight
10. Edwards
11. Aoki
12. Bussei
13. Meklau
14. Pedercini
15. Gramigni

Schnellste Runde:
Corser in 1:35,986 min (= 152,241 km/h)

Valencia/E (18.06.2000)

Rundenrekord: Troy Corser, AUS, Aprilia, 2000
in 1:36,817 min
(= 148,920 km/h)

Superpole: Corser
in 1:36,185 min
(= 149,900 km/h)

Rennen 1:

1. Corser in 37:17,084 min (= 148,235 km/h)
2. Ben Bostrom, USA, Ducati, 8,703 s zur.
3. Noriyuki Haga, J, Yamaha, 13,934 s zur.
4. Troy Bayliss, AUS, Ducati, 18,190 s zur.
5. Colin Edwards, USA, Honda, 21,205 s zur.
6. Peter Goddard, AUS, Kawasaki
7. Aaron Slight, NZ, Honda
8. Katsuaki Fujiwara, J, Suzuki
9. Alessandro Antonello, I, Aprilia
10. Akira Yanagawa, J, Kawasaki

Schnellste Runde:
Corser in 1:36,817 min (= 148,920 km/h)

Rennen 2:

1. Haga in 37:27,788 min (= 147,529 km/h)
2. Bostrom, 1,227 s zur.
3. Bayliss, 3,056 s zur.
4. Edwards, 10,455 s zur.
5. Corser, 12,966 s zur.
6. Goddard
7. Slight
8. Paolo Blora, I, Ducati
9. Pierfrancesco Chili, I, Suzuki
10. Fujiwara

Schnellste Runde:
Haga in 1:36,937 min (= 148,736 km/h)

Laguna Seca/USA (09.07.00)

Rundenrekord: Anthony Gobert, AUS, Ducati, 1999 in 1:25,185 min (= 152,560 km/h)

Superpole: Bayliss in 1:26,273 min (= 150,638 km/h)

Rennen 1:

1. Haga in 40:40,379 min (= 149,111 km/h)
2. Edwards, 2,664 s zur.
3. Corser, 3,571 s zur.
4. Bostrom, 3,594 s zur.
5. Chili, 14,525 s zur.
6. Yanagawa
7. Fujiwara
8. Slight
9. Juan Borja, E, Ducati
10. Giovanni Bussei, I, Kawasaki
11. Nobuatsu Aoki, J, Ducati
12. **Andreas Meklau, A, Ducati**
13. Lucio Pedercini, I, Ducati
14. Mauro Sanchini, I, Ducati
15. Igor Jerman, SLO, Kawasaki

Schnellste Runde:
Haga in 1:26,511 min (= 150,224 km/h)

Rennen 2:

1. Corser in 40:38,714 min (= 149,213 km/h)
2. Haga, 7,755 s zur.
3. Bostrom, 9,011 s zur.
4. Edwards, 9,821 s zur.
5. Yanagawa, 14,562 s zur.
6. Chili
7. Bayliss
8. Fujiwara
9. Slight
10. Goddard
11. Bussei
12. Lance Isaacs, RSA, Ducati
13. Larry Pegram, USA, Ducati
14. **Robert Ulm, A, Ducati**
15. Pedercini

Schnellste Runde:
Bostrom in 1:26,317 min (= 150,561 km/h)

Brands Hatch/GB (06. 08. 2000)

Rundenrekord: Neil Hodgson, GB, Ducati, in 1:26,910 min (= 174,843 km/h)

Superpole: Hodgson in 1:26,381 min (= 175,914 km/h)

Rennen 1:

1. Troy Bayliss, AUS, Ducati, 25 Runden in 36:35,753 min (= 173,011 km/h)
2. Hodgson, 0,235 s zur.
3. Chris Walker, GB, Suzuki, 8,782 s zur.
4. John Reynolds, GB, Ducati, 11,737 s zur.
5. Noriyuki Haga, J, Yamaha, 12,516 s zur.
6. Troy Corser, AUS, Aprilia
7. Aaron Slight, NZ, Honda
8. Pierfrancesco Chili, I, Suzuki
9. Akira Yanagawa, J, Kawasaki
10. Colin Edwards, USA, Honda
11. Juan Borja, E, Ducati
12. Gregorio Lavilla, E, Kawasaki
13. **Andreas Meklau, A, Ducati**
14. Alessandro Antonello, I, Aprilia
15. Ben Bostrom, USA, Ducati
20. **Markus Barth, D, Yamaha**

Schnellste Runde:
Hodgson in 1:27,153 min (= 174,355 km/h)

Rennen 2:

1. Hodgson, 25 Runden in 36:33,880 min (= 173,159 km/h)
2. Bayliss, 0,732 s zur.
3. Chili, 4,759 s zur.
4. Haga, 7,081 s zur.
5. Yanagawa, 7,917 s zur.
6. Ewards
7. Walker
8. Lavilla
9. **Meklau**
10. Katsuaki Fujiwara, J, Suzuki
11. Gramigni
12. Vittorio Guareschi, I, Yamaha
13. **Barth**
14. Marco Borciani, I, Ducati
15. Lance Isaacs, SA, Ducati

Schnellste Runde:
Hodgson in 1:26,910 min (= 174,843 km/h)

Assen/NL (03.09.)

Rundenrekord: 1999, Carl Fogarty, GB in 2:03,914 min (= 175,740 km/h)

Superpole: Colin Edwards, USA, Honda in 2:02,678 min (= 177,509 km/h)

Rennen 1:

1. Colin Edwards, USA, Honda, 16 Runden in 37:19,466 min (= 274,1 km/h)
2. Juan Borja, E, Ducati, 9,890 s zur.
3. Noriyuki Haga, J, Yamaha, 19,715 s zur.
4. Troy Corser, AUS, Aprilia, 22.276 s zur.
5. Aaron Slight, NZ, Honda, 27,906 s zur.
6. Akira Yanagawa, J, Kawasaki
7. Doriano Romboni, I, Ducati
8. Giovanni Bussei, I, Kawasaki
9. **Jürgen Oelschläger, D, Yamaha**
10. Katsuaki Fujiwara, J, Suzuki
11. Lucio Pedercini, I, Ducati
12. **Robert Ulm, A, Ducati**
13. Igor Jerman, SLO, Kawasaki
14. Alex Gramigni, I, Yamaha
15. Vittoriano Guareschi, I, Yamaha

Schnellste Runde:
Edwards in 2:17,507 min (= 158,366 km/h)

Rennen 2:

1. Haga, 16 Runden in 33:44,824 min (= 279,1 km/h)
2. Yanagawa, 5,884 s zur.
3. Borja, 8,606 s zur.
4. Slight, 12,964 s zur.
5. Edwards, 14,740 s zur.
6. Gramigni
7. Corser, AUS, Aprilia
8. K. Fujiwara, J, Suzuki
9. **Andreas Meklau, A, Ducati**
10. **Robert Ulm, A, Ducati**
11. Romboni
12. **Oelschläger**
13. Pedercini
14. Lance Isaacs, ZA, Ducati
15. Geraldo Muteau, F, Honda

Schnellste Runde:
Borja in 2:05,348 min (= 173,728 km/h)

Oschersleben (10.9.)

Rundenrekord: Edwards
in 1:28,294 min
(= 149,514 km/h)

Superpole: Edwards
in 1:27,799 min
(= 150,357 km/h)

Rennen 1:

1. Edwards, 28 Runden in 41:50,041 min (= 240,5 km/h)
2. Gregorio Lavilla, E, Kawasaki, 5,642 s zur.
3. Troy Bayliss, AUS, Ducati, 7,064 s zur.
4. Yanagawa, 7,224 s zur.
5. Slight, 7,431 s zur.
6. Pierfrancesco Chili, I, Suzuki
7. Corser
8. Alessandro Antonello, I, Aprilia
9. Haga
10. Ben Bostrom, USA, Ducati
11. Gramigni
12. Wataru Yoshikawa, J, Yamaha
13. **Ulm**
14. Fujiwara
15. **Markus Barth, D, Yamaha**

Schnellste Runde:
Edwards in 1:28,294 min (= 149,514 km/h)

Rennen 2:

1. Edwards, 28 Runden in 41:48,277 min (= 238,9 km/h)
2. Bayliss, 4,199 s zur.
3. Yanagawa, 5,808 s zur.
4. Lavilla, 6,904 s zur.
5. Haga, 10,242 s zur.
6. Chili
7. Bostrom
8. Fujiwara
9. Yoshikawa
10. **Ulm**
11. Gramigni
12. **Meklau**
13. **Barth**
14. Isaacs
15. M. Borciani, I, Ducati

19. Oelschläger

Schnellste Runde:
Bayliss in 1:28,727 min (= 148,784 km/h)

Brands Hatch (15.10.)

Streckenlänge: 4,221 km

Rundenrekord: Neil Hodgson, GB, Ducati, 2000
in 1:26,910 min
(= 174,840 km/h)

Superpole: Hodgson
in 1:33,261 min
(= 162,936 km/h)

Rennen 1:

1. John Reynolds, GB, Ducati in 40:09,855 min (= 157,640 km/h)
2. Troy Bayliss, AUS, Ducati, 0,458 s zur.
3. Chris Walker, GB, Suzuki, 3,556 s zur.
4. Hodgson, 13,963 s zur.
5. Juan Borja, E, Ducati, 20,547 s zur.
6. Akira Yanagawa, J, Kawasaki
7. Troy Corser, AUS, Aprilia
8. Colin Edwards, USA, Honda
9. Gregorio Lavilla, E, Kawasaki
10. Pierfrancesco Chili, I, Suzuki
11. Katsuaki Fujiwara, J, Suzuki
12. Vittoriano Guareschi, I, Yamaha
13. Aaron Slight, NZ, Honda
14. Steve Plater, GB, Kawasaki

15. Markus Barth, D, Yamaha
Robert Ulm, A, Ducati
Andreas Meklau, A, Ducati

Schnellste Runde:
Edwards 1:33,020 min (= km/h)

Rennen 2:

1. Edwards in 36:37,860 min (= 172,845 km/h)
2. Chili, 1,016 s zur.
3. Corser, 4,766 s zur.
4. Reynolds, 6,862 s zur.
5. Lavilla 15,680 s zur.
6. Walker
7. Yanagawa
8. Slight
9. Fujiwara
10. Bostrom
11. Gramigni
12. Guareschi
13. Plater
14. Borja
15. **Ulm**
16. **Meklau**
17. **Barth**

Schnellste Runde:
Edwards in 1:27,075 min (= 174,548 km/h)

Ergebnisse Supersport-WM 2000

Phillip Island/AUS (23.04.2000)

Rundenrekord: Paolo Casoli, I, Ducati, 1997
in 1:35,476 min
(= 141,673 km/h)

Pole Position: Ruben Xaus, E, Ducati
in 1:36,995 min
(= 164,976 km/h)

Rennen:

1. Jamie Whitham, GB, Yamaha in 37:39,549 min (= 148,721 km/h)
2. Paolo Casoli, I, Ducati, 48,383 s zur.
3. Stéphane Chambon, F, Suzuki, 50,277 s zur.
4. Adam Fergusson, AUS, Honda, 52,108 s zur.
5. Pere Riba, E, Honda, 54,136 s zur.
6. Christophe Cogan, F, Yamaha
7. Wilco Zeelenberg, NL, Yamaha
8. Massimo Meregalli, I, Yamaha
9. Fabrizio Pirovano, I, Suzuki
10. Cristiano Migliorati, I, Suzuki
11. **Jörg Teuchert, D, Yamaha**
12. Norino Brignola, I, Yamaha
13. Christer Lindholm, S, Yamaha
14. Chad Turnbull, AUS, Kawasaki
15. Iain MacPherson, GB, Kawasaki

Schnellste Runde:
Whitham in 1:37,752 min (= 163,700 km/h)

Unser Mann des Jahres: Supersport-Weltmeister Jörg Teuchert.

Sugo/J (30.04.2000)

Rundenrekord: Teuchert, 2000
in 1:34,408 min
(= 142,501 km/h)
Pole Position: Kellner
in1:33,772 min
(= 143,467 km/h)

Rennen:

1. Teuchert	**in 39:42,260 min (= 141,182 km/h)**
2. Christian Kellner, D, Yamaha,	**0,657 s zur.**
3. Chambon,	0,969 s zur.
4. Whitham,	1,354 s zur.
5. MacPherson,	3,662 s zur.

6. Karl Muggeridge, AUS, Honda
7. Fabrizio Pirovano, I, Suzuki
8. Andrew Pitt, AUS, Kawasaki
9. Piergiorgio Bonntempi, I, Ducati
10. Massimo Meregalli, I, Yamaha
11. Shinya Takeishi, I, Honda
12. Lindholm
13. Ichiro Asai, J, Ducati
14. Cogan
15. Wilco Zeelenberg, NL, Yamaha

Schnellste Runde: Teuchert in 1:34,408 min (= 142,501 km/h)

Monza/I (21.05.2000)

Rundenrekord: Christophe Cogan, F, Yamaha,
2000 in 1:51,659 min
(= 186,031 km/h)
Pole Position: Ruben Xaus, E, Ducati
in 1:52,188 min
(= 185,154 km/h)

Rennen:

1. Paolo Casoli, I, Ducati	in 30:05,288 min (= 184,099 km/h)
2. Jamie Whitham, GB, Yamaha,	0,084 s zur.
3. Karl Muggeridge, AUS, Honda,	0,286 s zur.
4. Massimo Meregalli, I, Yamaha,	0,387 s zur.
5. Christian Kellner, D, Yamaha,	**0,519 s zur.**

6. Ruben Xaus, E, Ducati
7. Jörg Teuchert, D, Yamaha
8. Iain MacPherson, GB, Kawasaki
9. Stéphane Chambon, F, Suzuki
10. Cogan
11. Piergiorgio Bontempi, I, Ducati
12. Fabien Foret, F, Yamaha
13. Andrew Pitt, AUS, Kawasaki
14. Wilco Zeelenberg, NL, Yamaha
15. Igor Jerman, SLO, Ducati

Schnellste Runde: Cogan, F, Yamaha, 2000 in 1:51,659 min (= 186,031 km/h)

Misano/RSM (18.06.2000)

Rundenrekord: Teuchert
in 1:39,132 min
(= 147,439 km/h)
Pole Position: Casoli
in 1:38,289 min
(= 148,704 km/h)

Rennen:

1. Kellner	**in 38:18,687 min (= 148,645 km/h)**
2. Casoli,	0,376 s zur.
3. Teuchert,	**0,587 s zur.**
4. Riba,	15,484 s zur.
5. Muggeridge,	19,432 s zur.

6. Pirovano
7. Alessandro Carlacci, I, Yamaha
8. Pitt
9. Meregalli
10. Bontempi
11. Stefano Cruciani, I, Ducati
12. Takeishi
13. Migliorati
14. Costes
15. Daemen

Schnellste Runde:
Teuchert in 1:39,132 min (= 147,439 km/h)

Donington/GB (14.05.2000)

Rundenrekord: Whitham, 1999
in 1:37,565 min
(= 148,440 km/h)
Pole Position: Muggeridge
in 1:36,793 min
(= 149,627 km/h)

Rennen:

1. Chambon in	
2. Whitham,	5,305 s zur.
3. Teuchert,	**7,192 s zur.**
4. Pitt,	7,507 s zur.
5. Lindholm,	9,645 s zur.

6. MacPherson
7. Kellner
8. Casoli
9. Cogan
10. Riba
11. Meregalli
12. Iannuzzo
13. Werner Daemen, B, Yamaha
14. Bontempi
15. Brignola

Schnellste Runde:
Teuchert in 1:37,632

Hockenheim/D (4.06.2000)

Rundenrekord: Kellner, 2000
in 2:06,323 min
(= 193,561 km/h)
Pole Position: Casoli
in 2:06,637 min
(= 193,081 km/h)

Rennen:

1. Teuchert	**in 29:50,103 min (= 191,227 km/h)**
2. Xaus,	0,026 s zur.
3. Chambon,	0,162 s zur.
4. MacPherson,	0,496 s zur.
5. Casoli,	0,691 s zur.

6. Whitham
7. Kellner
8. Pirovano
9. Daemen
10. Muggeridge
11. Meregalli
12. Migliorati
13. Zeelenberg
14. Iannuzzo
15. Tortoroglio

Schnellste Runde: Kellner, 2000 in 2:06,323 min (= 193,561 km/h)

Valencia/E (18.06.2000)

Rundenrekord: Jörg Teuchert, D, Yamaha, 2000 in 1:39,172 min (= 144,899 km/h)
Pole Position: Teuchert in 1:39,725 min (= 144,587 km/h)

Rennen:

1. Christian Kellner, D, Yamaha	**in 38:51,491 min (= 142,233 km/h)**
2. Jörg Teuchert, D, Yamaha,	**0,012 s zur.**
3. Pere Riba, E, Honda,	0,353 s zur.
4. Fabrizio Pirovano, I, Suzuki,	12,480 s zur.
5. Antonio Carlacci, I, Yamaha,	13,649 s zur.

6. MacPherson
7. Piergiorgio Bontempi, I, Ducati
8. Andrew Pitt, AUS, Kawasaki
9. Christophe Cogan, F, Yamaha
10. Werner Daemen, B, Yamaha
11. Cristiano Migliorati, I, Suzuki
12. William Costes, F, Honda
13. Karl Harris, GB, Suzuki
14. Michele Malatesta, I, Suzuki
15. Wilco Zeelenberg, NL, Yamaha

Schnellste Runde: MacPherson in 1:40,199 min (= 143,594 km/h)

Ergebnisse Superstock-EM 2000

Brands Hatch/GB (06. 08. 2000)

Rundenrekord: Ian MacPherson, GB, Kawasaki
in 1:30,129 min
(= 168,598 km/h)

Rennen:

1. Paolo Casoli, I, Ducati	
2. Karl Muggeridge, AUS, Honda,	0,224 s zur.
3. MacPherson,	0,288 s zur.
4. Pere Riba, E, Honda,	1,871 s zur.
5. Jim Moddie, GB, Honda	
6. Christian Kellner, D, Yamaha	
7. Ruben Xaus, E, Ducati	
8. Stéphane Chambon, F, Suzuki	
9. Antonio Carlacci, I, Yamaha	
10. Christophe Cogan, F, Yamaha	
11. Fabrizio Pirovano, I, Suzuki	
12.Werner Daemen, B, Yamaha	
13. Andrew Pitt, AUS, Kawasaki	
14. Massimo Meregalli, I, Yamaha	
15. Dean Thomas, AUS, Ducati;	

Schnellste Runde:
MacPherson in 1:30,129 min (= 168,598 km/h)

Assen/NL (03.09.)

Rundenrekord: 1999, Iain Mac Pherson
in 2:11,031 min (= 166,190 km/h)

Pole Position: Chambou
in 2:08,607 min (=169,325 km/h)

Rennen:

1. Ruben Xaus, E, Ducati, 16 Runden	in 37;18,785 min (= 248,3 km/h)
2. Stéphane Chambon, F, Suzuki,	7,041 s zur.
3. Christer Lindholm, S, Yamaha,	22,642 s zur.
4. Paolo Casoli, I, Ducati,	23,338 s zur.
5. Piergiorgio Bontempi, I, Ducati,	34,911 s zur.
6. Chris Vermeulen, AUS, Honda	
7. Franco Brugnara, I, Yamaha	
8. H. Van Beek, NL, Yamaha	
9. Wilco Zeelenberg, NL, Yamaha	
10. Andrew Pitt, AUS, Kawasaki	
11. Yves Briguet, CH, Ducati	
12. William Costes, F, Honda	
13. Karl Muggeridge, AUS, Honda	
14. Fabio Capriotti, I, Yamaha	
15. James Ellison, GB, Honda	

Schnellste Runde: James Whitham, GB, Yamaha
in 2:15,128 min (= 161,154 km/h)

Oschersleben/D (10.9.)

Rundenrekord: Teuchert, 2000
in 1:31,947 min
(= 143,574 km/h)

Pole Position: Muggeridge
in 1:31,291 min
(= 144,606 km/h)

Rennen:

1.Chambon, 28 Runden	in 43:20,327 min (= 230,3 km/h)
2. Muggeridge,	11,970 s zur.
3. Fabien Foret, F, Ducati,	12,491 s zur.
4. Xaus,	13,455 s zur.
5. Massimo Meregalli, I, Yamaha,	21,990 s zur.
6. Bontempi	
7. Cristiano Migliorati, I, Suzuki	
8. Stefan Nebel, D, Yamaha	
9. Werner Daemen, B, Yamaha	
10. Michele Malatesta, I, Suzuki	
11. Ellison	
12. Karl Harris, GB, Suzuki	
13. Kyro Verstraeten, NL, Yamaha	
14. Costes	
15. Vittorio Iannuzzo, I, Yamaha	

Schnellste Runde:
Teuchert in 1:31,947 min (= 143,574 km/h)

Brands Hatch (15.10.)

Rundenrekord: Iain MacPherson, GB, Kawasaki,
2000 in 1:30,129 min (= 168,600 km/h)
Pole Position: Piergiorgio Bontempi, I, Ducati
in 1:30,449 min (= 168,002 km/h)

Rennen:

1. Karl Muggeridge, AUS, Honda	in 35:29,946 min (= 164,088 km/h)
2. Jörg Teuchert, D, Yamaha,	**0,563 s zur.**
3. Jamie Whitham, GB, Yamaha,	0,659 s zur.
4. Christian Kellner, D, Yamaha,	**0,775 s zur.**
5. Paolo Casoli, I, Ducati,	3,449 s zur.
6. Andrew Pitt, AUS, Kawasaki	
7. Werner Daemen, B, Yamaha	
8. Fabrizio Pirovano, I, Suzuki	
9. Karl Harris, GB, Suzuki	
10. Robert Frost, GB, Yamaha	
11. Chris Vermeulen, AUS, Honda	
12. MacPherson	
13. Christophe Cogan, F, Yamaha	
14. Fabien Foret, F, Ducati	
15. Gary Mason, GB, Kawasaki	

Schnellste Runde: Teuchert in 1:31,122 min (= 166,761 km/h)

Donington/GB (14.05.2000)

Rundenrekord: Chris Vermeulen, AUS, Honda,
2000 in 1:38,439 min
(= 147,125 km/h)

Pole Position: Chris Vermeulen, AUS, Honda
in 1:38,255 min
(= 147,400 km/h)

Rennen:

1. Vermeulen in	24:49,711 min
2. Chris Burns, GB, Yamaha,	8,213 s zur.
3. James Ellison, GB, Honda,	11,726 s zur.
4. Barry Veneman, NL, Yamaha,	17,076 s zur.
5. Jamie Morley, GB, Suzuki,	20,585 s zur.
6. Oliver Four, F, Suzuki	
7. Ben Askew, GB, Suzuki	
8. Francisco Riquelme, E, Aprilia	
9. Fabrizio Pellizzzon, I, Aprilia	
10. Daniel Oliver, E, Aprilia	
11. Paul Notman, GB, Honda	
12. Frédéric Jond, F, Honda	
13. Steven Casaer, B, Yamaha	
14. Allessandro Scorta, I, Yamaha	
15. Benny Jerzenbeck, D, Suzuki	

Schnellste Runde:
Vermeulen in 1:38,255 min (= 147,400 km/h)

Super-Girl: Katja Poensgen (11) etablierte sich in der Superstock-EM.

Monza/I (21.05.2000)

Rundenrekord: Fabrizio Capriotti, I, Yamaha, 2000 in 1:53,097 min (= 183,665 km/h)

Pole Position: Chris Burns, GB, Yamaha in 1:53,034 min (= 183,768 km/h)

Rennen:

1. Dario Tosolini, I, Suzuki in 20:52,381 min (= 189,604 km/h)
2. Markus Wegscheider, I, Suzuki, 1,976 s zur.
3. Burns, 5,200 s zur.
4. Fabrizio Pellizzon, I, Aprilia
5. Daniel Oliver, E, Aprilia
6. Oliver Four, F, Suzuki
7. M. Bauer, A, Kawasaki
9. James Ellison, GB, Honda
10. Katja Poensgen, D, Suzuki

Schnellste Runde:
Burns in 1:53,034 min (= 183,768 km/h)

Hockenheim/D (4.06.2000)

Rundenrekord: Poensgen in 2:07,636 min (= 191,570 km/h)

Pole Position: Burns in 2:06,097 min (= 193,908 km/h)

Rennen:

1. Burns in 17:08,512 min (= 190,187 km/h)
2. Wegscheider, 2,954 s zur.
3. Benny Jerzenbeck, D, Suzuki, 3,399 s zur.
4. Tosolini, 3,491 s zur.
5. Poensgen, 3,611 s zur.
6. Ellison
7. Four
8. Brogan
9. Fabbroni
10. Jond
17. Bernd Nabert, D, Kawasaki
19. Dominique Duchene, D, Kawasaki

Schnellste Runde:
Poensgen in 2:07,636 min (= 191,570 km/h)

Misano/RSM (18.06.2000)

Rundenrekord: Poensgen in 1:41,131 min (= 144,525 km/h)

Pole Position: Capriotti in 1:40,942 min (= 144,796 km/h)

Rennen:

1. Capriotti in 20:24,216 min (= 143,269 km/h)
2. Poensgen, 2,271 s zur.
3. Wegscheider, 7,166 s zur.
4. Four, 10,969 s zur.
5. Oliver, 15,178 s zur.
6. Jond
7. Veneman
8. Fabbroni
9. Jond
10. Vleugels
11. Riquelme
12. Vankeymeulen
13. Suzzi
14. Weynand
15. Brogan

Schnellste Runde:
Poensgen in 1:41,131 min (= 144,525 km/h)

Valencia/E (18.06.2000)

Rundenrekord: Dario Tosolini, I, Suzuki, 2000 in 1:41,781 min (= 141,657 km/h)

Pole Position: Daniel Oliver, E, Aprilia in 1:42,304 min (= 140,851 km/h)

Rennen:

1. Daniel Oliver, E, Aprilia in 22:17,650 min (= 140,122 km/h)
2. Tosolini, 0,363 s zur.
3. Giacomo Romanelli, I, Suzuki, 4,474 s zur.
4. Oliver Four, F, Suzuki, 6,153 s zur.
5. Barry Veneman, NL, Yamaha, 9,887 s zur.
6. James Ellison, GB, Honda
7. Martin Bauer, A, Kawasaki
8. Steven Casaer, B, Yamaha
9. Markus Wegscheider, I, Suzuki
10. Stéphane Jond, F, Suzuki
11. Benny Jerzenbeck, D, Suzuki
12. Didier Vankeymeulen, B, Yamaha
13. Frédéric Jond, F, Honda
14. Koen Vleugels, B, Yamaha
15. Raffaello Fabbroni, I, Honda

Schnellste Runde: Tosolini in 1:41,781 min (= 141,657 km/h)

Brands Hatch/GB (06. 08. 2000)

Rundenrekord: David Jefferies, GB in 1999 in 1:32,786 min (= 163,770 km/h)

Pole-Position: Jim Morley, GB, Suzuki, in 1:31,869 min (= 165,406 km/h)

Rennen:

1. Morley in 15 Runden in 23:04,932 min (= 164,581 km/h)
2. Chris Burns, GBYamaha, 2,099 s zur.
3. James Ellison, GB, Honda, 3,077 s zur.
4. Olivier Four, F, Suzuki, 4,031 s zur.
5. Martin Bauer, A, Kawasaki, 5,440 s zur.
6. Gary Mason, GB, Aprilia, 7,841 s zur.
7. Katja Poensgen, D, Suzuki
8. Stéphane Jond, F, Suzuki
9. Barry Veneman, NL, Yamaha
10. Raffaelo Fabroni, I, Honda
11. Markus Wegscheider, I, Suzuki
12. Frédéric Jond, F, Honda
13. Dario Tosolini, I, Suzuki
14. Gianluca Vizziello, I, Yamaha
15. Koen Vleugels, NL, Yamaha
17. Benny Jerzenbeck, D, Suzuki

Schnellste Runde:
Morley in 1:31,367 min (= 166,314 km/h)

Assen/NL (03.09.)

Rundenrekord: Ellison in 2:25,971 min (= 149,183 km/h)

Pole Position: Veneman in 2:13,148 min (=163,550 km/h)

Rennen:

1. James Ellison, GB, Honda, 12 Runden in 32:176,243 min (= 245 km/h);
2. Steve Brogan, GB, Honda, 9,533 s zur.
3. Markus Wegscheider, I, Suzuki, 9,687 s zur.
4. Katja Poensgen, D, Suzuki, 14,270 s zur.
5. Olivier Four, F, Suzuki, 15,819 s zur.
6. Frédéric Jond, F, Honda
7. Andi Notman, GB, Yamaha
8. Koen Vleugels, B, Yamaha
9. Giacomo Romanelli, I, Suzuki
10. Steven Casaer, B, Yamaha
11. Daniel Oliver, E, Aprilia
12. Fabrizio Pellizzon, I, Aprilia
13. Paul Mooijman, NL, Kawasaki
14. Dario Tosolini, I, Suzuki
15. Andrea Giachino, I, Suzuki
16. Benjamin Nabert, D, Kawasaki

Schnellste Runde: Ellison in 2:25,971 min (= 149,183 km/h)

Oschersleben/D (10.09.)

Rundenrekord: Jerzenbeck in 1:33,117 min (= 141,770 km/h)

Pole Position: Ellison in 1:32,964 min (= 142,003 km/h)

Rennen:

1. Ellison in 18:48,608 min (= 140,363 km/h)
2. Casaer, 4,890 s zur.
3. **Jerzenbeck, 4,966 s zur.**
4. Oliver, 5,674 s zur.
5. Vizziello, 7,435 s zur.
6. **Poensgen**
7. Wegscheider
8. Tosolini
9. Veneman
10. Brogan
11. Jond
12. Burns
13. Bauer
14. Gyger
15. Servol

Schnellste Runde:
Jerzenbeck in 1:33,117 min (= 141,770 km/h)

Brands Hatch (15.10.)

Rundenrekord: Jamie Morley, GB, Suzuki, 2000 in 1:31,367 min (= 152,148 km/h)

Pole Position: Gary Mason, GB, Aprilia in 1:32,072 min (= 164,952 km/h)

Rennen:

1. Mason in 25:25,430 min
2. Mark Heckles, GB, Honda, 3,532 s zur.
3. Morley, 7,994 s zur.
4. James Ellison, GB, Honda, 8,660 s zur.
5. Barry Veneman, NL, Yamaha, 16,327 s zur.
6. Fréderic Jond, F, Honda
7. Steven Casaer, B, Yamaha
8. Mark Burr, GB, Kawasaki
9. Dario Tosolini, I, Suzuki
10. Oliver Four, F, Suzuki
11. **Katja Poensgen, D, Suzuki**
12. Dean Ellsion, GB, Honda
13. Giacomo Romanelli, I, Suzuki
14. **Benny Jerzenbeck, D, Suzuki**
15. **Benjamin Nabert, D, Kawasaki**

Schnellste Runde:
Mason in 1:39,874 min (= 152,148 km/h)

Ergebnisse Seitenwagen Weltcup 2000

Kyalami/RSA (02.04.00)

Streckenlänge: 4,207 km
Rundenrekord: Klaffenböck/Hänni, A/CH, Suzuki in 1:49,877 min (= 139,673 km/h)

Superpole: Webster/Woodhead, GB/GB, Suzuki, 1:49,028 min (= 140,760 km/h)

Rennen:

1. Klaffenböck/Hänni in 47:08,339 min (= 135,652 km/h)
2. Webster/Woodhead, 4,890 s zur.
3. Steinhausen/Parzer, D/A, Suzuki, 54,081 s zur.
4. Janssen/Hopkinson, NL/GB, BRM, 55,633 s zur.
5. Hauzenberger/Madaras, A/A, Suzuki, 1:02,197 min zur.
6. Muldoon/Gusman, GB/GB, ADM
7. Schröder/Wafler, CH/CH, Suzuki
8. Gray/Pointer, GB/GB, ADM
9. Hanquet/Legreve, B/B, Suzuki
10. Guy/Peach, GB/GB, BRM
11. Liechti/Locher, CH/CH, Kawasaki

Schnellste Runde: Klaffenböck/Hänni in 1:49,877 min (=139,673 km/h)

Phillip Island/AUS (23.04.2000)

Rundenrekord: Klaffenböck/Hänni, A/CH, Suzuki in 1:39,184 min (= 161,337 km/h)
Superpole: Webster/Woodhead, GB, Suzuki in 1:39,226 min (= 161,268 km/h)

Rennen:

1. Webster/Woodhead, GB, Suzuki in 35:23,088 min (= 158,280 km/h)
2. Steinhausen/Parzer, D/A, Suzuki, 43,562 s zur.
3. Soutar/Hetherington, AUS/GB, ADM, 52,042 s zur.
4. Janssen/Hopkinson, NL/GB, BRM, 54,903 s zur.
5. Klaffenböck/Hänni, A/CH, Suzuki, 79,560 s zur.
6. Hauzenberger/Madaras, A, Suzuki
7. Gray/Pointer, GB, ADM
8. Liechti/Locher, CH, Kawasaki
9. Spence/Winders, AUS, Kawasaki
10. Steenbergen/Steenbergen, NL, Suzuki
11. Hanquet/Legreve, B, Suzuki

Schnellste Runde: Klaffenböck in 1:39,184 min (= 161,337 km/h)

Donington/GB (14.05.2000)

Rundenrekord: Abbott/Biggs, GB, BRM, 1999 in 1:38,307 min (= 147,320 km/h)

Superpole: Webster/Woodhead in 1:38,045 min (= 147,716 km/h)

Rennen:

1. Klaffenböck/Hänni in 30:08,158 min
2. Webster/Woodhead, 3,329 s zur.
3. **Steinhausen/Parzer, 6,849 s zur.**
4. Janssen/Hopkinson, 31,797 s zur.
5. Muldoon/Gusman, GB, ADM, 51,666 s zur.
6. Hanks/Biggs, GB, Yamaha
7. Guy/Peach, GB, BRM
8. Hauzenberger/Madaras
9. Hansen/Soares, F, Suzuki
10. Van Gils/Van Gils, NL, Suzuki
11. Boddice/Biggs, GB, Suzuki
12. Galross/Simmons, CH, ADM
13. Liechti/Locher
14. Fleury/Fleury

Schnellste Runde: Klaffenböck/Hänni in 1:39,140 min (= 146,084 km/h)

Monza/I (21.05.2000)

Rundenrekord: Webster/Woodhead, GB, Suzuki, 2000 in 1:54,408 min (= 181,581 km/h)
Superpole: Klaffenböck/Hänni, A/CH, Suzuki in 1:54,864 min (= 180,840 km/h)

Rennen:

1. Webster/Woodhead in 27:10,964 min (= 178,304 km/h)
2. Klaffenböck/Hänni, A/CH, Suzuki, 9,381 s zur.
3. Abbott/Biggs, GB, Yamaha, 36,317 s zur.
4. Hauzenberger/Madaras, A, Suzuki, 42,860 s zur.
5. Schlosser/Hauser, CH, Suzuki, 50,203 s zur.
6. Van Gils/Van Gils, NL, Suzuki
7. Hansen/Soares, F, Suzuki
8. Hanks/Biggs, GB, Yamaha
9. Liechti/Locher, CH, Kawasaki
10. Fleury/Fleury, NZ, BMW
11. Steenbergen/Steenbergen, NL, Suzuki

Schnellste Runde:
Webster/Woodhead in 1:54,408 min (= 181,581 km/h)

Hockenheim/D (4.06.2000)

Rundenrekord: Abbott/Biggs, 1999
in 2:09,276 min
(= 189,140 km/h)

Superpole: Steinhausen/Parzer
in 2:09,676 min
(= 188,556 km/h)

Rennen:

1. **Steinhausen/Parzer in 22:03,659 min (= 186,577 km/h)**
2. Webster/Woodhead, 0,410 s zur.
3. Klaffenböck/Hänni, 1,070 s zur.
4. Hauzenberger/Madaras, 30,323 s zur.
5. Molyneux/Hill, 33,141 s zur.
6. Abbott/Biggs
7. Muldoon/Gusman
8. Guy/Peach
9. Eilers/Eilers, D, Suzuki
10. Roscher/Torsten, D, Suzuki

Schnellste Runde:
Webster/Woodhead in 2:09,443 min
(= 188,895 km/h)

Misano/RSM (18.06.2000)

Rundenrekord: Muldoon/Gusman
in 1:40,962 min
(= 144,767 km/h)

Superpole: Webster/Woodhead
in 1:41,161 min
(= 144,483 km/h)

Rennen:

1. Webster in 39:17,635 min (= 142,588 km/h)
2. Klaffenböck/Hänni, 7,776 s zur.
3. Muldoon/Gusman, 8,336 s zur.
4. Janssen/Hopkinson, 15,276 s zur.
5. **Steinhausen/Parzer, 34,372 s zur.**
6. Molyneux/Hill
7. Steenbergen/Steenbergen
8. Van Gils/Van Gils
9. Guy/Peach
10. Liechti/Locher
11. Fleury/Fleury
12. Phillips/Lowe, NZ, BMW
13. Smith/Baiazs, GB, ASG

Schnellste Runde:
Muldoon/Gusman in 1:40,962 min
(= 144,767 km/h)

Valencia/E (18.06.2000)

Rundenrekord: Klaffenböck/Hänni
in 1:41,842 min (= 141,851 km/h)

Superpole: Webster/Woodhead
in 1:41,953 min (= 141,418 km/h)

Rennen:

1. Klaffenböck/Hänni, A/CH, Suzuki in 39:45,798 min (= 138,995 km/h)
2. Webster/Woodhead, GB, Suzuki, 0,204 s zur.
3. **Steinhausen/Parzer, D/A, Suzuki, 10,934 s zur.**
4. Muldoon/Gusman, GB, ADM, 27,582 s zur.
5. Janssen/Hopkinson, NL/GB, BRM, 28,113 s zur.
6. Molyneux/Hill, GB, Honda
7. Guy/Peach, GB, BRM
8. Hanks/Simons, GB, Yamaha
9. Van Gils/Van Gils, NL, Suzuki
10. Liechti/Locher, CH, Kawasaki
11. Phillips/Lowe, GB, Honda
12. Steenbergen/Steenbergen, NL, Suzuki

Schnellste Runde: Klaffenböck/Hänni in 1:41,842 min (= 141,851 km/h)

Brands Hatch/GB (06. 08. 2000)

Rundenrekord: Abbott/Biggs
in 1:31.595 min (= 165,900 km/h) in 1999

Superpole: Webster/Woodhead, GB, Suzuki,
in 1:31,200 min (= 166,618 km/h)

Rennen:

1. Klaffenböck/Hänni, A, Suzuki, 23 Runden in 35:51,161min (= 162,440 km/h)
2. Webster/Woodhead, GB, Suzuki, 0,211 s zur.
3. **Steinhausen/Parzer, D, Suzuki, 1,813 s zur.**
4. Abbott/Biggs, GB, Yamaha, 8,574 s zur.
5. Hanks/Simons, GB, Yamaha, 16,507 s zur.
6. Hauzenberger/Cron, A, Suzuki
7. Van Gils/Van Gils, NL, Suzuki
8. Guy/Peach, GB, BRM
9. Houghton/Long, GB, Suzuki
10. Steenbergen/Steenbergen, NL, Suzuki
11. Gray/Pointer, GB, ADM
12. Stafford/Cox, GB, Suzuki
13. Muldoon/Gusman, GB, ADM
14. Liechti/Locher, CH, Kawasaki
15. Fleury/Fleury, NZ, BMW

Schnellste Runde: Abbott/Biggs in 1:32,116 min (= 164,962 km/h)

Assen/NL (03.09.)

Rundenrekord: 1999, Webster/James
in 2:11,730 min (= 165,310 km/h)

Superpole: Webster/Woodhead
in 2:10,691 min (=166,625 km/h)

Rennen:

1. **Steinhausen/Parzer, D, Suzuki, 16 Runden in 35:47,306 min (= 254,1 km/h)**
2. Klaffenböck/Hänni, A, Suzuki, 3,026 s zur.
3. Abbott/Biggs, GB, Yamaha, 17,931 s zur.
4. Van Gils/Van Gils, NL, Suzuki, 1:13,982 min zur.
5. Muldoon/Gusman, GB, ADM, 1:23,673 min zur.
6. Hauzenberger/Cron, A, Suzuki
7. Hanquet/Wood, B, Suzuki
8. Guy/Peach, GB, BRM
9. Janssen/Hopkinson, NL, BRM
10. Verweijmeren/Kruip, NL, Suzuki
11. Steenbergen/Steenbergen, NL, Suzuki
12. Founds/Founds, GB, Yamaha
13. Schröder/Wafler, CH, Suzuki
14. Fleury/Fleury, NZL, BMW
15. Morissey/Randall, GB, Suzuki

Schnellste Runde: Webster/Woodhead in 2:11,087 min (= 166,122 km/h)

Oschersleben/D (10.09.)

Rundenrekord: Steinhausen/Parzer
in 1:33,309 min (= 141,478 km/h)

Superpole: Webster/Woodhead
in 1:33,275 min (= 141,530 km/h)

Rennen:

1. Klaffenböck/Hänni, 28 Runden in 44:13,093 min (= 219,1 km/h)
2. Webster/Woodhead, 0,276 s zur.
3. **Steinhausen/Parzer, 6,156 s zur.**
4. Janssen/Hopkinson, NL, BRM, 59,947 s zur.
5. Hanks/Simons, GB, Yamaha
6. Muldoon/Gusman
7. Hauzenberger/Cron
8. Van Gils/Van Gils
9. Steenbergen/Steenbergen
10. Liechti/Locher, CH, Kawasaki
11. Schröder/Wafler
12. Verweijmeren/Kruip
13. Hanquet/Lanqschedel, B, Suzuki
14. Fleury/Fleury
15. Bevers/Bevers, NL, Suzuki

Schnellste Runde:
Steinhausen/Parzer in 1:33,309 min
(= 141,478 km/h)

Brands Hatch (15.10.)

Rundenrekord: Abbott/Biggs, GB, Yamaha, 2000
in 1:30,835 min
(= 167,288 km/h)

Superpole: Webster/Woodhead
in 1:30,193 min
(= 169,445 km/h)

Rennen:

1. Klaffenböck/Hänni, A/CH, Suzuki in 31:05,582 min
2. Webster/Woodhead, GB, Suzuki, 4,709 s zur.
3. Abbott/Biggs, 5,652 s zur.
4. **Steinhausen/Parzer, D, Suzuki, 26,848 s zur.**
5. Hanks/Simons, GB, Yamaha, 31,101 s zur.
6. Janssen/Hopkinson, GB, BRM
7. Hauzenberger/Crone, A, Suzuki
8. Muldoon/Gusman, GB, ADM
9. Van Gils/Van Gils, NL, Suzuki
10. Hansen/Wood, F/GB, Suzuki
11. Steenbergen/Steenbergen, NL, Suzuki
12. Hegarty/Hegarty, GB, Honda
13. Liechti/Locher, CH, Kawasaki
14. Galross/Berglund, CH, NGK 500
15. Fleury/Fleury, NZ, BMW

Schnellste Runde:
Abbott/Biggs in 1:30,835 min (= 167,288 km/h)

Die PRO SUPERBIKE-Serie in Zahlen

Endstand 2000

1.	Paul Leuthard, CH, Kawasaki	405 Punkte
2.	Werner Dimperl, D, Ducati	330
3.	Johann Wolfsteiner, A, Kawasaki	300
4.	Norman Manz, D, Kawasaki	270
5.	Karsten Schmidt, D, Yamaha	235
6.	Marjan Malec, SLO, Kawasaki	201
7.	Boris Hercigonja, Slo, Kawasaki	198
8.	Samuel Truninger, CH, Kawasaki	190
9.	Ossi Niederkircher, A, Suzuki	179
10.	Andreas Hofmann, CH, Kawasaki	155

Superbike WM-Rennkalender für 2001:

11. März	Valencia/E
1. April	Kyalami/RSA
22. April	Phillip Island/AUS
29. April	Sugo/J
13. Mai	Monza/I
27. Mai	Donington/GB
10. Juni	Lausitzring/D
24. Juni	Misano/RSM
8. Juli	Laguna Seca/USA
5. August	Brands Hatch/GB
2. Sept.	Oschersleben/D
9. Sept.	Assen/NL
23. Sept.	tba.
30. Sept.	Imola/I

Stand: 19. Oktober 2000, ohne Gewähr

Es gibt sie noch: Trotz Streitigkeiten zwischen DMSB und der Veranstaltungsagentur Moto Motion ging die PRO SUPERBIKE auch 2000 an den Start. Meister wurde der Schweizer Paul Leuthard (Nr. 60).

DIE WELT IST EINE KURVE.
MOTORRAD
WELTEXKLUSIV
SUZUKI
JETZT NEU!
Verkürzen Sie die Zeit zwischen zwei Kurven. Lesen Sie alle 14 Tage das neue MOTORRAD – Europas größte Motorradzeitschrift – und spüren Sie beim Umblättern jetzt noch größere Fliehkräfte: mit Tests, an denen sich die Branche orientiert, mit weltexklusiven Fahrberichten und Fotos, die es im Bauch kribbeln lassen! Was sonst noch alles neu ist bei MOTORRAD, sehen Sie jetzt an Ihrem Kiosk. Vorausgesetzt Sie fahren gleich hin!
Hoehne Habann Eiser.

Bücher mit dem richtigen Dreh

Keith Code, **Der richtige Dreh (Bd.I)**
Gerade auch im Alltag werden Biker vom Können der Renn-Asse profitieren und ihre Fahrtechnik verbessern.
146 Seiten, 61 Bilder, 21 Zeichnungen
Bestell-Nr. 30106 **DM 39,80**

Keith Code. **Der richtige Dreh (Bd.II)**
Die Ergänzung zu Keith Codes unvergleichlichem Handbuch für sportliches und sicheres Motorradfahren.
130 Seiten, 87 Bilder
Bestell-Nr. 30300 **DM 39,80**

Jürgen Gaßebner
Die schönsten Rennmaschinen
Jürgen Gaßebner war mit den Originalmotorrädern der Weltmeister auf der Piste und beschreibt in seinem Band die Straßenrennmaschinen der 80er und 90er. Sauber recherchierte Fahrberichte von gut 20 Maschinen, brillant illustriert und aufwändig produziert. Ein Buch, bei dem garantiert jeder Motorrad-Fan ins Schwärmen kommt.
156 Seiten, 165 Bilder
Bestell-Nr. 02037 **DM 49,80**

Jürgen Gaßebner, **BMW**
Bei Jürgen Gaßebner wird die BMW-Faszination aus acht Jahrzehnten lebendig. Die R 90 S (Daytona-Organge!) ebenso wie die futuristische MK1, die Kompressor-Rennmaschinen ebenso wie die R 69 als Gespann. Traummotorräder mit dem weißblauen Emblem am Tank, Maschinen, von den viele träumen, die sich aber nur wenige leisten. Wer bei diesem Bildband nicht spätestens auf der zehnten Seite ein Lächeln im Gesicht hat, verdient seinen Führerschein nicht...
160 Seiten, 130 Bilder
Bestell-Nr. 02064 **DM 49,80**

Bernt Spiegel
Die obere Hälfte des Motorrads
Nur wenn Mensch und Maschine eine Einheit bilden, fährt man schnell, sicher und vor allem gut Motorrad. Doch was oft leicht aussieht, erfordert in Wirklichkeit unglaublich viel Koordination, Konzentration und Anpassungsfähigkeit. Diese »ganz andere Fahrschule« beschreibt die Grundlagen der Fahrphysik, wie man ein perfektes Fahrertraining aufbaut und seine Fähigkeiten im Sattel realistisch einschätzt.
286 Seiten, 53 Bilder
Bestell-Nr. 01995 **DM 39,80**

Mario Colombo/Roberto Patrignani, **MV Agusta**
Ein Buch über die legendäre MV Agusta des rennsportversessenen Grafen. Über Erfolge und Niedergang einer Firma, die zum Inbegriff klassischen italienischen Motorradbaues wurde. Aber die Fans können sich freuen: Zum Modelljahr 2000 kommt eine neue Agusta. Mit atemberaubender Optik und toller Leistung, eine Maschine, die schon jetzt das Zeug zum Klassiker hat.
258 Seiten, 385 Bilder, davon 36 in Farbe, 9 Zeichnungen
Bestell-Nr. 01416 **DM 49,80**

Harry Niemann
Der Kniff mit dem Knie
1988 zum ersten Mal erschienen, mauserte sich dieses Buch zum Standardwerk für jeden, der sein Bike auf der Straße oder im Rennsport bewegt. Dies ist eine völlig überarbeitete Neuauflage.
224 Seiten, 182 Bilder, davon 30 in Farbe
Bestell-Nr. 01737 **DM 39,80**

Motor buch Verlag

IHR VERLAG FÜR MOTORRAD-BÜCHER

Postfach 10 37 43 · 70032 Stuttgart
Telefon (07 11) 2108065 · Telefax (07 11) 2108070